인생,
어떻게 살 것인가

WHAT ARE YOU GOING TO DO WITH YOUR LIFE
by J. D. Greear

Originally published in the USA
by B&H Publishing Group, a division of Lifeway Christian Resources
One Lifeway Plaza, Nashville, TN 37234-0188 USA
under the title *What Are You Going to Do With Your Life*
Copyright ⓒ 2020 by J. D. Greear
All rights reserved.

Korean Edition published by Word of Life Press, Seoul 2021
Translated and used by permission.
Printed in Korea.

인생, 어떻게 살 것인가

ⓒ 생명의말씀사 2021

2021년 11월 30일 1판 1쇄 발행
2022년 4월 21일　　2쇄 발행

펴낸이 | 김창영
펴낸곳 | 생명의말씀사

등록 | 1962. 1. 10. No.300-1962-1
주소 | 서울시 종로구 경희궁1길 6 (03176)
전화 | 02)738-6555(본사) · 02)3159-7979(영업)
팩스 | 02)739-3824(본사) · 080-022-8585(영업)

기획편집 | 박경순, 김민주
디자인 | 박소정, 조현진
인쇄 | 예원프린팅
제본 | 보경문화사

ISBN 978-89-04-16783-8 (03230)

저작권자의 허락없이 이 책의 일부 또는 전체를
무단 복제, 전재, 발췌하면 저작권법에 의해 처벌을 받습니다.

J. D. 그리어 저
황영광 역

인생,
어떻게 살 것인가

생명의말씀사

추천사

주여, 불어오소서…. 나는 수많은 이들과 함께 기도한다. 바로 이 순간, 열방을 향한 왕의 선교를 사탄이 방해하려는 이 순간, 하나님께서 이 모든 것을 뒤집어 전략적 전진이 되게 하시기를 기도한다. 하나님께서 우리 세대에 일하고 계심을 수많은 이들이 알게 하는 데 이 책을 사용하소서. 또 주님께서 하나님 나라에 저항하는 사탄의 교활한 파도를 지상 사명의 완성을 위한 거대한 물결로 뒤바꾸어 주소서.

존 파이퍼(John Piper)
desiringGod.org 설립자, 『하나님을 기뻐하라』, 『삶을 허비하지 말라』 저자

J. D. 그리어 목사는 『인생, 어떻게 살 것인가』를 통해 우리 각자를 위한 예수님의 계획과 목적을 추구하는 것보다 더 중요하고 만족스러운 일은 없음을 알려 준다. 하나님은 수없이 다양한 방법으로 그의 동역자가 되도록 우리를 부르신다. 제자 삼는 일에는 여러 가지 접근 방법이 있지만, 예수님의 모든 제자에게는 한 가지 부르심이 있다. 우리에게는 영원히 의미 있는 인생을 가져올 모험을 할 기회가 있다. 이보

다 못한 것에 안주한다면 비극이다. 만약 당신이 세상을 변화시키고 싶다면, 이 책이야말로 당신을 위한 책이다.

크리스틴 케인(Christine Caine)
A21과 프로펠 위민(A21 and Propel Women) 설립자

감동적이다. 여러 사람에게도 그랬지만, 존 파이퍼의 '패션스 원데이 2000'(Passion's OneDay 2000) 콘퍼런스 강연은 내게 변혁의 순간이었다. 그날 이후로 수많은 이들이 '가장 중요한 것을 위한 삶을 살라'는 도전을 받고 소명의 확신을 얻었다. 내 친구인 J. D. 그리어 목사는 이 내용에 해설을 더하여 지금 세대에게 자신의 인생을 우리 하나님의 영광과 명예와 명성을 위한 지렛대로 드리라고 부른다. 『인생, 어떻게 살 것인가』는 분명 많은 이들에게 오래도록 잊지 못할 책이 될 것이다.

루이 기글리오(Louie Giglio)
패션시티교회(Passion City Church) 목사,
패션 콘퍼런스(Passion Conferences) 설립자, 『버림받지 않았다』(Not Forsaken) 저자

이 메시지를 전할 뿐 아니라
이 메시지대로 살도록 수백 명의 사람을 훈련한
데이브 터너(Dave Turner)와 웨스 스미스(Wes Smith)에게.
세계 어디서든지 두 분의 영향을 받은 사람들을 만나게 됩니다.

목차

머리말	10
1장 삶을 허비하지 말라	17
2장 버킷리스트를 던져 버리라	41
3장 '부르심'을 둘러싼 신화	65
4장 더 큰 일을 하는 사람	89
5장 추수의 법칙	107
6장 당신에게 없는 한 가지	125
7장 단 한 명의 관중	141
8장 꼭 복음을 들어야 천국에 가는가?	165
9장 그럴 가치가 있다	191
에필로그: 탁자 위에 "예"를 올려놓으라	208
이제 어떻게 할까?	213
미주	222

머리말

이 책의 표지에는 "인생, 어떻게 살 것인가"라는 제목이 붙어 있다. 이 질문에 바르게 답하는 일은 당신이 이 세상에서 의미 있는 삶을 살게 될지를 결정하는 중요한 문제다. 이 말을 하면서 조금도 주저하거나 단서를 붙이지 않았다. 이 말에서 중요하지 않은 단어는 하나도 없다.

"이 세상에서 의미 있는 삶을 살게 될지"라고 한 것은 당신이 의미 없는 삶을 살 수도 있다는 뜻이다. 적어도 의미가 있는 삶은 아닐 수 있다는 것이다. 며칠 전 성경에서 영생을 얻으려면 어떻게 해야 하는지 예수님께 질문한 부자 이야기를 읽게 되었다. 예수님은 "그를 보시고 사랑하사 이르시되 네게 아직도 한 가지 부족한 것이 있으니 가서 네게 있는 것을 다 팔아 가난한 자들에게 주라 그리하면 하늘에서 보화가 네게 있으리라 그리고 와서 나를 따르라"(막 10:21)고 하셨다. 그때 이 사람은 선택해야 했다. 가난한 자들을 보살피고 천국에 보화를 쌓으며 예수님을 따르는 의미 있는 삶을 살 것인가? 아니면 자신을 위해 부를 사용하고 이 세상에 보화를 쌓으며 예수님을 부정하는, 별 의미 없는 삶을 살 것인가? 그는 후자를 택했다. 그는 자기 삶을 허비하기로 했다.

당신이나 나도 그와 같이 인생을 허비할 수 있다. 우리도 동일한 선택을 해야 하기 때문이다. 우리는 곤경에 처한 이들을 사랑할 수도 있고 무시할 수도 있다. 보화를 이 땅에 쌓을 수도 있고 하늘에 쌓을 수도 있다. 예수님을 버릴 수도 있고 따를 수도 있다.

지금 한 말, 즉 "예수님을 버릴 수도 있고 따를 수도 있다."는 것이 선택의 핵심이다. 그래서 이 책의 제목에 올바르게 답하는 것이 대단히 중요하다고 한 것이다. 많은 사람이 "인생, 어떻게 살 것인가"라는 질문을 보고 이렇게 생각한다. "이 질문에는 정답이 없어. 내 인생은 결국 내게만 주어진 것이고 내가 결정하기 나름이야."

하지만 이는 사실이 아니다. 당신이 예수님을 따르는 자라면 말이다. 그리스도인이 된다는 것은 우리 삶을 결정할 권리를 내어 드렸다는 것을 의미한다. 오해가 없기를 바란다. 이것이 오늘날 기독교의 일반적인 모습은 아니다. 적어도 미국에서는 아니다. 미국에서 그리스도인이 된다는 것은 어떤 종교 의식을 통과하고 자신을 '그리스도인'으로 부른다는 것을 의미한다. 여전히 자신이 원하는 대로 살면서 말이다.

하지만 그리스도의 말씀에 의하면 이는 그리스도인이 아니다. 그리스도인이 된다는 것은 자신에 대해, 자신의 생각과 인생의 꿈에 대해 죽는 것을 의미한다. 그리스도의 말씀에 의하면 그리스도인이 된다는 것은 당신이 생각했던 삶을 버리고 그리스도 안에서 새로운 삶을 찾았다는 것이다. 이제 당신은 그분의 생각과, 당신의 삶을 위한 그분의 꿈으로 산다는 것을 의미한다.

더군다나 예수님은 우리가 이 생각과 꿈을 명백히 알 수 있도록 드러내셨다. 이것은 당신에게만 특별히 주어진 것이 아니다. 마음을 다하고 목숨을 다하고 뜻을 다하여 주 너의 하나님을 사랑하라. 이웃을 자신과 같이 사랑하라. 모든 민족을 제자 삼으라. 당신의 삶을 하나님의 영광을 위해 하나님의 복음을 전하는 데 사용하라. 예수님을 따르는 이들에게 이 계획은 두말할 필요 없이 그분이 당신의 삶을 위해 계획하신 것이다.

물론 우리 모두를 향한 예수님의 계획은 각자의 삶에 다양하게 나타날 것이다. 우리는 모두 서로 다르게 부름받았고 다르게 은사를 받았다. 이는 우연이 아니다. 그럼에도 우리 삶의 궤적은 본질적으로 같다. 우리의 은사가 사업가든지 화가든지 목사든지 상관 없다. 예수님을 따르는 자라면 누구와 결혼할지 어느 학교에 가고 어떤 직업을 가질지 어디서 살고 어떻게 은퇴할지(또는 은퇴하지 않을지) 삶에서 내리는 모든 결정을 그분의 명령과 임무와 이유가 좌우할 것이고, 또 그래야만 하기 때문이다.

이것이 이 책이 말하고자 하는 바다. 결국 이 책의 질문(제목)을 던지고, 이 질문에 대답하되 우리가 아는 이 세상의 방식을 따르지 말고 말씀 안에 있는 하나님의 진리에 따라 대답하라는 것이다. 이 책은 학생과 노인, 그리고 그 사이에 있는 모든 이가 인생은 안개와 같으며, 매우 짧다는 사실을 깨닫게 해준다. 이런 관점에서 이 책은, 안개와 같은 당신과 나의 인생을 이 땅에서 영원을 위해 가장 의미 있게 사용하도록 도와줄 것이다.

데이비드 플랫(David Platt)
맥린바이블교회(McLean Bible Church) 목사, 래디컬(Radical) 설립자,
『복음이 울다』, 『래디컬』 저자

"우리가 인생에서 하는 일은
영원한 메아리가 되어 울려 퍼질 것이다."

막시무스 데시무스 메리디우스, 글래디에이터
(Maximus Decimus Meridius, Gladiator)

1장

삶을
허비하지 말라

2000년 5월 20일 이른 오후, 미국 테네시주 멤피스 외곽에 있는 한 농장의 커다란 들판에 마련된 강대상 앞에 50대 중반의 한 설교자가 서 있었다. 평소 즐겨 입던 헤링본 패턴 코트에 검은 타이를 맨 그 앞에는 4만 명이 넘는 대학생이 모여 있었다.

쌀쌀한 기온에 바람이 세차게 불고 마침 보슬비까지 내리기 시작했다. 이미 **빡빡**한 오전 일정을 보내고 앉아 있던 학생들은 조금씩 들썩거렸다. 어떤 학생들은 비에 젖지 않으려고 입고 있던 우비로 머리를 가렸고, 몇몇 학생은 일어나서 산책을 하거나 자기 텐트로 돌아가기도 했다.

한 세대의 결정적 순간이라고 볼 수 있는 징조는 딱히 없었다.

강사는 약간 안절부절못하는 것 같았다. 한 손으로는 불어 대는 바람 때문에 소음을 내는 마이크를 막으면서 다른 한 손으로는 설교 원고를 누르고 있었다. 심지어 설교를 시작한 지 몇 분 되지 않아 돌풍이 불어 설교 원고의 절반이 관중 속으로 날아가 버렸다.

설교가 제대로 될 수가 없었다. 강사는 조용히 기도했다.

"하늘에 계신 아버지, 이 순간 제가 얼마나 부족함을 느끼는지 당신은 아십니다. 그래서 당신의 아주 특별한 기름 부으심과 도우심을 구합니다."

그는 심호흡을 한 후 강단에 기대어 남아 있는 설교 원고를 팔로 고정하고는 이렇게 말했다.

"3주 전 우리 교회는 루비 엘리어슨과 로라 에드워즈가 카메룬에서 죽었다는 소식을 들었습니다. 루비는 팔십이 넘었죠. 평생 홀로 지냈습니다. 그녀는 한 가지 위대한 일에 인생을 쏟았습니다. 예수 그리스도를 미전도 종족들과 가난한 자들과 병든 자들에게 알리는 일이었습니다. 로라는 과부였고 의사였습니다. 팔십에 가까워지고 있었고 카메룬에서 루비의 곁을 지키며 섬겼습니다. 그런데 브레이크가 고장 나 자동차가 절벽 아래로 떨어지는 바람에 둘은 즉사했습니다.

저는 우리 교인들에게 물었습니다. '이것이 비극일까요?'"

학생들이 대답했다. "아니오!"
"아닙니다." 설교자도 화답했다.
"그것은 영광이었습니다. 비극이 무엇인지 말씀드리겠습니다."
그는 「리더스 다이제스트」 한 페이지를 꺼내 읽기 시작했다.

"밥과 페니는 동북 지역에서 하던 일을 그만두고 5년 전에 일찍 은퇴했다. 밥은 59세, 페니는 51세였다. 이제 그들은 플로리다주의 푼타 고다에 살고 있다. 그들은 10미터짜리 고기잡이배를 몰고 소프트볼을 즐기며 조개를 수집하고 있다."

그는 말을 이었다.

"아메리칸 드림(American Dream)입니다. 단 하나밖에 없는 인생의 마지막에 이르러 당신이 한 일을 창조주께 설명할 때 내놓을 가장 위대한 일이 '저는 조개를 수집했습니다. 제 조개를 보십시오.'라는 것입니다. 이것이 비극입니다! 오늘날 사람들은 수십억 달러를 써 가며 당신이 그 비극적인 꿈을 받아들이도록 설득합니다. 그래서 저는 40분을 사용해 여러분에게 간청합니다. 그 말을 듣지 마십시오! 당신의 삶을 낭비하지 마십시오!"[1]

삶을 허비하지 말라

그 설교자는 존 파이퍼(John Piper)였고 이 설교는 "조개껍데기 설교"로 알려지게 되었다. 학생들은 이 설교를 친구들에게 퍼 나르기 시작했다. 내 세대의 거의 모든 그리스도인 학생이 다 이 설교를 들었던 것 같다.

세라 질스트라(Sarah Zylstra)는 복음연합(The Gospel Coalition)에 기고한 글에서, 현재 지도자 중 놀랄 만한 수가 그 메시지를 들은 날을 자기 인생의 결정적 순간으로 꼽는다고 언급했다.

데이비드 플랫(David Platt)은 이 메시지가 자신이 인생을 바라보는 방식을 근본적으로 재정의했다고 말한다. 텍사스주 휴스턴에 소재한 세이지몬트교회의 담임 목사인 맷 카터(Matt Carter)는 이렇게 말한다. "나도 그 무리 가운데 있었어요. 그 설교는 내 은퇴에 대한 상상을 끝장내 버렸습니다."[2] 라이프웨이 크리스천 리소스(LifeWay Christian Resources)의 신학과 커뮤니케이션 수석 부사장인 트레빈 왁스(Trevin Wax)는 은퇴해 '낭비'하는 삶에 대한 파이퍼의 강력한 예화에 완전히 무너졌다고 말한다.[3] 메리언 조던 엘리스(Marian Jordan Ellis)는 지금은 저명한 성경 교사이자 저자이지만 당시에는 갓 그리스도인이 되었을 때였다. 그는 "(파이퍼가 들려준 시는) 정말 15년 내내 귓가에 울렸습니다."라고 말한다.[4]

그때 나는 2년 동안 동남아시아에서 선교사로 섬기고 막 돌아온 시점이었다. 이후 인생에서 하나님께서 원하시는 것이 무엇인지 알아내고자 하는 중이었다. 나는 편안함과 안정의 유혹을 느끼고 있었고 아메리칸 드림이 내 이름을 부르고 있었다.

그때 파이퍼의 메시지가 번개같이 내 가슴을 쳤다.

"삶을 허비하지 말라."

이 말은 지금도 나를 쫓아다닌다.

핵심 사상은 간단하다. 영원은 실재다. 복음은 진리다. 사람의 영혼은 중요하다. 당신의 인생도 중요하다. 그러니 낭비하지 말라.

2003년 이 메시지는 『삶을 허비하지 말라』(Don't Waste Your Life, 생명의말씀사 역간)라는 책으로 출판되었고, 지금까지 60만 권 이상 판매되었다.[5]

질문이 잘못되었다

대학교 3학년 때 나는 그리스도인이 된 지 여러 해가 지났지만, 하나님께서 내 인생에 대해 묻기 원하시는 질문을 한 번도 하지 않았다는 사실을 깨달았다. 그때까지 내가 하던 질문은 '**과연** 하나님은 그의 나라를 위해 나를 사용하기를 원하시는가?'였다. 그러나 내 질문은 **과연**이 아니라 **어디서, 어떻게**여야 했다.

내 담당 목사님은 그해에 로마서를 일곱 번 읽으라고 도전하셨다. 마지막 일곱 번째 읽고 있을 때 로마서 2장 12절 말씀이 성경에서 튀어나오는 것 같았다.

"무릇 율법 없이 범죄한 자는 또한 율법 없이 망하고 무릇 율법이 있고 범죄한 자는 율법으로 말미암아 심판을 받으리라"(롬 2:12).

이 구절은 복음을 들어 본 적이 없는 사람도 하나님의 심판 아래 있다는 것이었다. 그들의 마음에 '율법'이 새겨져 있기 때문이다. 이 율법은 우리 중 한 사람도 예외 없이 어긴 것이다. 그러므로 구원받을 수 있는 유일한 소망은 은혜로 말미암은 특별한 행위뿐인데, 바로 하나님께서 그리스도의 복음을 통해 주신 것이다.

이전에 내가 이 사실을 이해하지 못한 것이 아니었다. 다만 그날 아침 그 구절이 의미하는 바가 홍수처럼 내 가슴으로 밀려들어 왔다. 세상이 잃어버린 바 되었다는 사실이 교통사고에서나 느낄 법한 힘으로 내 가슴을 짓눌러 왔다. 꽤 오랫동안 나는 침묵 속에 앉아 있었다. 눈물이 흘렀다. 말도 나오지 않았다. 결국 이렇게 속삭였다. "주님, 만약 주님께서 제게 가서 말하게 하신다면 가겠습니다. 가게 하시겠습니까?"

바로 그때, 마치 성령님께서 나에게 속삭이시는 것 같았다. "드디어 네가 **올바른** 질문을 했구나."

그 순간까지 내 태도는 "만약 하나님께서 당신의 나라를 위해 무언가를 원하신다면 내게 알려 주시겠지." 하는 식이었다. 그러고는 어떤 특별한 지시가 없다면, 그분이 내게 원하시는 것은 적당한 직장을 찾고, 일을 잘하고, 교회에 다니고, 십일조를 내고, 문제를 일으키지 않는 것이라고 생각했다.

그러나 그날 아침, 잃어버린 세상과 복음 전파의 긴급성이 내게 전혀 다른 반응을 요구하고 있음을 깨달았다. 머릿속으로 한 그림이 들어와 펼쳐졌다.

여러 기찻길 사이를 걷고 있는데 한 어린아이가 그 사이에서 어쩔 줄 몰라 하는 장면이었다. 멀리서 화물 기차가 아이를 향해 달려오는 소리가 들렸다. 그런데 바로 그 순간에도 나는 내 무릎을 지긋이 내려다보며 말했다. "오 하나님, 만약 제가 무언가 하길 원하신다면 알려 주십시오." 그러고는 하늘에서 특별한 지시가 떨어지기를 기다렸다.

나는 그 순간 하나님의 뜻이 무엇인지 묻지 않고도 알 수 있어야 했다. **"아이를 구해라."**

이것이 진실이다. 예수님 없이 살아가는 세상 사람들은 철로에서 헤매던 아이만큼이나 실제로, 그리고 그 아이보다 1억 배나 더 절망적인 비극을 향해 내달리고 있다. 하나님은 우리에게 그들 중 한 명도 멸망하지 않는 것이 당신의 뜻임을 알려 주셨다. 그러려면 그들은 반드시 복음을 들어야 한다.

"주의 약속은 어떤 이들이 더디다고 생각하는 것같이 더딘 것이 아니라 오직 주께서는 너희를 대하여 오래 참으사 아무도 멸망하지 아니하고 다 회개하기에 이르기를 원하시느니라"(벧후 3:9).

우리는 '하나님의 뜻을 찾는 법'에 대해 말한다. 사실 하나님의 뜻은 사라진 적이 없다! 이 말씀에 명확하게 담겨 있다. 하나님은 모든 사람이 복음을 듣고 살아나기를 원하신다. 그리고 하나님은 그 일을 이루기 위해 그의 교회를 사용하신다.

그날 아침 나는 이 땅이 잃어버린 바 된 것을 조금이나마 볼 수 있었고 훨씬 전에 이사야가 울부짖었던 것처럼 울부짖을 수밖에 없었다. "내가 여기 있나이다 나를 보내소서"(사 6:8). 이 세상이 잃어버려진 것과 하나님께서 주시는 구원의 위대함을 조금이라도 엿본 그리스도인이라면 누구나 이렇게 반응할 것이다.

당신도 보았듯이 올바른 질문은 **과연** 하나님께서 나를 당신의 사명으로 부르셨느냐가 아니다. **어디로** 부르셨느냐다.

이 책 뒷부분에서 더 이야기하겠지만, 부르심은 선택받은 소수에게만 해당되지 않는다. 어떤 신비한 계시를 통해 주어지는 거룩한 특권도 아니다.

지상 사명을 위해 당신의 삶을 던지라는 부르심은 예수님을 따르라는 부르심에 포함되어 있다. 예수님께서 말씀하셨다. "나를 따라오라 내가 너희를 사람을 낚는 어부가 되게 하리라"(마 4:19).

그러니 당신도 신비로운 순간, 젖은 양털, 또는 내면의 떨림을 기다릴 필요가 없다. 당신은 이미 부름받았다.

음성이 들리기를 기다릴 필요가 없다. 그분은 이미 말씀해주셨다.

가만있을 수 없는 세대

존 파이퍼가 운명적인 도전을 던진 지도 20년이 지났다. 내가 이 책을 쓰고 있는 이유는 새로운 세대의 그리스도인들이 이 소식을 들을 차례가 되었기 때문이다. 그리고 그들이 하나님께 "내가 여기 있나이다 나를 보내소서."라고 말할 때이기 때문이다. 예수님께서 복음에 대해 약속하신 것과 영원에 대해 경고하신 것을 숙고하는 일은 우리의 삶을 어떻게 살 것인가를 결정할 문제다.

이 세대는 가만있지 못하는 세대다. 우리는 역사상 어떤 세대보다도 엄청난 기술 발전과 축적된 부를 누리고 있지만, 한편으로 뭔가 잘못되었음을 알고 있다.

쿼터백 톰 브래디(Tom Brady)가 이 사실을 가장 잘 요약했다. 그가 통산 세 번째 슈퍼볼을 차지했을 때, 스티브 크로프트(Steve Kroft)는 TV 프로그램 "60분"(60 Minutes) 인터뷰에서 그에게 이렇게 질문했다. "끊임없이 승승장구하는 삶을 살면서 자신에 대해 새롭게 알게 된 것은 무엇입니까?"

브래디는 이렇게 답했다.

"저는 슈퍼볼 반지를 세 개나 가지고 있는데 왜 아직도 뭔가 더 위대한 것이 있을 거라고 생각할까요? 아마 대다수의 사람들은 이렇게 말할 겁니다. '이봐, 원래 그냥 그런 거야.' 나는 내 목표를 달성했고 내 인생의 꿈을 이루었습니다. 그렇지만 나는 이렇게 생각합니다. '하나님, 이것 말고 더 있어야 하지 않나요? …그러면 제게 다른 뭐가 있을까요?'"

크로프트가 되물었다. "답이 뭐던가요?"
브래디의 얼굴에서 미소가 잠깐 번졌다가 사라졌다. "저도 알았으면 좋겠어요." 그는 한 번 더 말했다. "저도 알았으면 좋겠다고요."[6]

우리 시대의 가장 위대한 철학적 지성인 중 한 사람인 코미디언 짐 캐리(Jim Carrey)도 같은 말을 했다. "나는 모든 사람이 부자가 되고 유명해지고 꿈꿨던 모든 것을 이루면 좋겠습니다. 그래야 그것이 답이 될 수 없다는 사실을 알게 될 테니까요."[7]

많은 사람이 자신의 인생을 바칠 거창한 대의를 찾는다. 그러면서 성공한 인생이란 가난한 이들에게 힘을 주거나 지구를 구하는 것이라고 생각한다. '사회의식'이나 '톨레랑스'(tolérance, 관용) 같은 말은 이제 '잘 살았다고 말할 수 있는 인생'이나 '잘 운영되는 회사'를 표현하는 말이 되었다. 우리는 가난을 뿌리 뽑기를 원한다. 인권을 향상하고, 지구 온난화를 끝내고 싶어 하며, 플라스틱 빨대로부터 지구를 구하려고 든다.

최근에 대학 졸업생들이 졸업 후 자신의 꿈에 대해 '도움이 필요한 이들에게 도움을 주는 사람이 되는 것'이라고 답한 비율이 가장 높다는 기사를 읽었다. 한 조사에 따르면 고등학생들도 돈, 명예, 심지어 행복한 결혼보다 '목적을 따라 사는 것'을 인생에서 가장 중시하는 가치로 꼽는다고 한다.

"꿈의 직장은 어떤 것일까요?"라는 질문에 나는 가장 많은 대답이 '돈'이거나 '영향력', 또는 '명예' 정도이겠거니 생각했다. 물론 돈도 거기에 있었지만 고작 24퍼센트에 불과했다. 가장 많은 답은 '내가 하는 일에 열정을 느끼는 것'이었고, 돈이라는 응답의 거의 두 배였다.[8]

이를 한마디로 요약하면, "나는 의미 있는 일을 위해 살고 싶다."가 될 것이다.

우리는 자신의 인생이 의미 있길 바란다. 만약 누군가 우리에게 "인생을 어떻게 살 것인가?"라고 질문했을 때 무언가 의미 있는 일을 한 인생을 살았다고 말하고 싶어 한다.

이는 하나님께서 우리 안에 두신 갈망이다. 그리고 대부분의 대의는 그 자체로 선하고 가치가 있다.

그러나 그리스도인에게는 그 모든 것을 능가하는 한 가지 대의

가 있다.

만약 예수님께서 말씀하신 것이 참되다면 한 사람의 영원한 미래를 결정짓는 것은 예수님을 아느냐 모르느냐다.

"예수께서 이르시되 내가 곧 길이요 진리요 생명이니 나로 말미암지 않고는 아버지께로 올 자가 없느니라"(요 14:6).

예수님께서 죽으신 것은 지구상의 모든 나라와 문화와 언어에 속한 사람들이 그의 구원을 알며 그분 안에서 인생의 기쁨을 알게 하시기 위해서였다. 이것이 복음이 선포하는 내용이다. 예수님은 그분 안에 있는 이 구원을 받아들이는 모든 이에게 그의 구원을 선사하신다. 사도 요한은 이렇게 말한다.

"영접하는 자 곧 그 이름을 믿는 자들에게는 하나님의 자녀가 되는 권세를 주셨으니"(요 1:12).

하지만 그분을 영접하기 위해서는 그분에 대해 들어야 한다. 바울은 이렇게 설명한다.

"그런즉 그들이 믿지 아니하는 이를 어찌 부르리요 듣지도 못한 이를 어찌 믿으리요 전파하는 자가 없이 어찌 들으리요 보내심을 받지 아니하였으면 어찌 전파하리요 기록된 바 아름답도다 좋은 소식을 전하는 자들의 발이여 함과 같으니라"(롬 10:14-15).

이런 이야기가 많은 사람에게 질문을 불러일으킨다는 것을 안다. 이 책에서 이제 다루게 될 질문들 말이다. 일단 여기서는 성경을 진지하게 받아들이는 사람에게 복음이야말로 모든 것 중 가장 중요한 대의라는 사실을 알아 두라.

존 파이퍼가 말했듯이, 어떤 종류의 고통이든 고통을 해소하고자 하는 노력은 선한 것이며 가치 있는 목표다. 그러나 모든 고통 중에서 우리가 가장 진지하게 관심을 가져야 할 최악의 고통은 바로 **영원한** 고통이다.

이 땅의 고통은 끔찍하지만 한계가 있다. 그러나 장차 올 세상의 고통은 끔찍하고 영원하다. 사랑은 이를 직시한다. 이 세상을 향해서도 저 세상을 향해서도 못 본 척하지 않는다. 사랑은 이 세상 고통의 실재와 저 세상 고통의 더 끔찍한 실재를 모두 고뇌한다.[9]

만약 성경이 진리라면, 의미 있는 인생은 반드시 이 영원한 고통이라는 실재를 고려한 것이어야 한다.

너는 날 위해 무엇을 했느냐?

아마 당신은 니콜라우스 루트비히 폰 친첸도르프(Nikolaus Ludwig von Zinzendorf)라는 사람에 대해 들어 본 적이 없을 것이다. 만약 들어 보았더라도 당신 자녀의 이름을 이 사람 이름을 따서 짓지는 않을 것이다. 혹시 그렇게 했다면 이 책을 당장 내려놓고 자녀에게 사과해야 할 것이다.

그러나 만약 당신이 서방 세계에 살고 있다면, 그는 당신이 생각지도 못할 만큼 당신의 기독교 유산에 중요한 부분을 차지하는 인물이다. 친첸도르프 백작은 1700년에 독일 드레스덴의 귀족 집안에서 태어나 가족의 재산을 물려받을 것이라는 기대를 받으며 자랐다. 당시 '백작'은 사실상 일은 거의 하지 않으면서 아주 많은 돈을 벌 수 있는 지위를 의미했다. 그의 인생은 여유와 쾌락과 명성이 가득한 운명이었다. 조개껍데기 인생 말이다.

젊은 백작이었던 그는 1720년 뒤셀도르프에 있는 한 미술관을 방문했는데, 거기서 도메니코 페티(Domenico Feti)의 그림, "에케 호모"(Ecce Homo, 저 사람을 보라!)에 사로잡혔다. 그 그림은 십자가에 못 박히기 직전의 예수님을 묘사한 그림이었다. 얻어맞고 피 흘리며 가시 면류관을 쓴 모습이었다. 그 아래에는 이런 말이 새겨져 있었다. **"나는 널 위해 이 모든 것을 했는데 너는 날 위해 무엇을 했느냐?"** [10]

로마서 2장을 읽다가 내가 경험했던 것과 유사하게, 하나님은 인생이 덧없고 잃어버려졌다는 현실, 그리고 복음의 긴급한 필요를 통해 친첸도르프 백작의 마음을 사로잡으셨다. 그 순간 백작은 이제 더는 여유로운 인생을 추구할 수 없음을 알았다.

그는 자기 소유의 부동산을 내어놓고 그곳을 하나님의 사역을 이루어 갈 근거지로 삼았으며, 전 세계의 선교 사역자들을 후원하기 위해 재산을 기증했다. 독일 전역에서 몰려든 수백 명의 이십 대 청년이 복음 훈련을 받고 선교를 위해 파송되었다. 그들은 스스로를 '모라비안'(Moravians)이라고 불렀다. 그들 중 많은 이가 떠나온 고향 이름을 따서 지은 이름이었다.

1727년 어느 날 밤, 친첸도르프의 작은 복음 공동체는 밤을 새워 기도하고 있었다. 그들은 하나님께서 이 운동을 사용하셔서 세상을 복음으로 변혁하시기를 기도했다. 그들은 쉬지 않고 기도했는데, 그저 말로만이 아니라 정말 쉬지 않았다. 아침이 밝았고 그들은 시계 방향으로 돌아가며 기도하기 시작했다. 그날 밤 '백 년 기도회'가 탄생하게 되었다. 시계 방향으로 연결된 이 기도의 고리는 한 세기가 넘도록 계속되었다.

이 기도 운동을 통해 하나님은 한 세대를 일으키셔서 교회를 세우시고 그린란드에서 가이아나까지, 자메이카에서 케이프타운까지, 뉴욕에서 노스캐롤라이나까지 복음 공동체를 일으키셨다.

이 운동은 목회자로만 이루어진 것이 아니었다. 소위 '일반 성도'

들이 이 비전을 붙들었다. 모라비안들은 영리 목적의 무역 회사를 조직해서 복음을 전하기 힘든 지역으로 들어갈 수 있었다. 이 책에서 보게 되겠지만 사업은 단순한 '선교 여행'이 결코 진입할 수 없는 곳까지 복음을 들고 들어가게 한다. 사실 역사가들은 모라비안 사역 중 가장 성공적이고 장기적이었던 사역은 선교 단체보다 무역 회사를 운영한 것이었다고 말한다.[11]

상당수의 모라비안은 심지어 내가 자란 장소인 노스캐롤라이나 주의 위스콘신-살렘까지 왔고 거기에도 복음 공동체를 세웠다. 그들의 복음적 영향력이 아마 내가 성장한 공동체를 만들었을 것이다. 내 모교회는 그들이 1753년에 세운 모라비안 복음 전초 기지에서 2킬로미터도 안 되는 거리에 있었다.

친첸도르프는 이 운동을 정의하는 말을 남겼다.

나에게 단 한 가지 열망이 있으니 곧 그분이다. 오직 그분뿐이다. 세상은 밭이며 밭은 세상이다. 그러므로 그리스도를 위해 영혼을 구하는 일에 가장 유용하게 사용될 수 있는 그곳이 바로 내 집이다. **내가 원하는 것은 오직 복음을 전하다가 죽고 잊히는 것이다.**[12]

어쩌면 시간 속에서는 잊힐지도 모른다. 하지만 그의 삶은 수많은 생명과 함께 영원한 메아리가 되어 여전히 울려 퍼지고 있다.

인생은 한 번뿐이고 그마저도 곧 지나가리라

수년이 지난 후, 친첸도르프를 사로잡았던 비전에 붙잡힌 또 한 명의 특별한 사람이 등장한다. 그의 이름은 C. T. 스터드(C. T. Studd), 영국에서 가장 유명한 크리켓 선수였다(현재는 크리켓 챔피언이 그렇게 엄청난 성취라고 생각되지 않을 수도 있다. 하지만 19세기에 크리켓은 세계에서 가장 널리 알려진 스포츠였으며, 스터드는 그 스포츠의 르브론 제임스[Lebron James] 격이었다.[13] 공식 통계를 보아도 지금 프로 선수를 지향하는 사람이 당시의 스터드라는 이름보다 더 큰 의미를 지니기 힘들다).

영국 국가대표팀의 스타로서 경력의 최정점에 있던 시절, 스터드는 자신이 영원한 가치를 조금씩 밀어내고 있다는 생각을 떨칠 수가 없었다. 그래서 그는 상상도 못 할 일을 감행했다. 팀에 사표를 던지고 복음을 전하기 위해 중국, 인도, 그리고 결국 그가 죽음을 맞이하게 되는 벨기에령 콩고로 떠난 것이다. 르브론 제임스가 오늘 오후 기자 간담회를 열고 "제 재능을 가지고 시베리아로 떠나겠습니다. 그곳 사람들이 예수님에 대해 들어야 하기 때문입니다."라고 발표했다고 상상해보라.

당연하게도 온 세상 사람들은 스터드에게 왜 그런 일을 하려 하느냐고 물었다. 스터드는 이렇게 답했다.

만약 예수 그리스도가 하나님이시고 나를 위해 죽으셨다면, 내가 그

분을 위해 하는 어떤 희생도 지나치게 크다고 말할 수 없습니다.[14]

여기서 친첸도르프가 했던 말의 메아리가 들리는가? 스터드는 이후 새롭게 바뀐 인생의 모습을 요약한 시를 썼다. 바로 존 파이퍼가 쌀쌀했던 5월의 오후, 멤피스에서 4만 명의 미국 대학생에게 언급했던 그 시다.

제 아버지는 잃어버린 자들에게 예수 그리스도의 복음을 전하는 복음 전도자로 자신을 바치셨습니다. 그분에게는 한 가지 불타는 비전이 있었습니다. 바로 복음을 전하는 것이었습니다. 제가 자라던 시절 내내 우리 집 부엌에는 장식 액자가 하나 걸려 있었습니다. 지금은 우리 집 거실에 걸려 있는 그 액자를 저는 거의 48년간 매일 보았습니다. 뭐라고 적혀 있냐고요?
"인생은 한 번뿐이고 그마저도 곧 지나가리라. 그리스도를 위해 행한 일만 남으리라."[15]

안타깝게도 나는 이제 대학생이 아니다. 인생은 쏜살같이 지나간다. 때로 나는 시간이 어디로 가 버렸는지, 인생이 얼마나 빠르게 지나가 버렸는지 헤아릴 수조차 없다. 별로 우아한 예는 아니지만, 모든 혁신은 두루마리 휴지가 풀리는 것처럼 갈수록 빨라지는 것 같다. 내가 대학 신입생 등록을 했던 것이 바로 엊그제 같은데,

이제는 내 딸이 대학 갈 준비를 하고 있다. 곧 얼마 지나지 않아 내 딸의 딸도 그럴 것이다. 그리고 언젠가 이 모든 것이 끝나리라.

인생은 곧 지나갈 것이다. 나는 그리스도를 위해 영원히 남을 어떤 일을 했는가?

나는 인생을 어떻게 사용했는지 돌아보며 후회하게 될까? 인생을 낭비했다고 생각하지는 않을까?

언젠가 당신의 삶도 끝자락에 이를 것이다. 우울한 생각이라는 것을 알지만 꼭 생각해봐야 할 문제다. 그날이 오늘일 수도 있고, 지금부터 10년, 50년, 아니면 80년 후일 수도 있다. 확실한 건 그날이 온다는 것이다(가장 최근에 내가 확인한 바에 따르면 미국의 사망률은 계속해서 변함없이 100퍼센트다).

그날이 오면 당신은 인생을 후회할 것인가?

영원한 곳으로 무엇을 가지고 갈 것인가? 멋진 집? 탄탄한 투자 포트폴리오? 별 가치도 없는 슈퍼볼 반지 몇 개?

조개껍데기들?

당신의 수많은 에너지와 시간과 집중력을 차지하는 것 가운데 당신이 영원히 간직할 것은 얼마나 되는가?

지금부터 100년 후, 당신은 어떤 삶을 살면 좋겠는가? 지금부터 1만 년 후는? 지혜는 인생을 끝에서 바라보고 **그때** 당신이 기뻐할 것을 **지금** 행하는 것에서 시작된다.

인생은 한 번뿐이고 그마저도 곧 지나가리라. 그리스도를 위해 행한 일만 남으리라.

선교 현장에 도착한 지 3년 만에 순교당했던 에콰도르 선교사 짐 엘리엇(Jim Elliot)은 이를 정말 잘 표현했다.
"잃어서는 안 될 것을 얻기 위해 간직할 수 없는 것을 포기하는 사람은 절대로 바보가 아니다."[16]
이 책에서 나는 당신이 잃어서는 안 될 것을 얻기 위해 간직할 수 없는 것을 포기하도록 설득할 것이다.
나는 당신이 예수님과 그분의 약속, 영원에 대해 진정 믿고 있는 것을 숙고하도록 격려할 것이다. 그리고 이것에 비추어 당신의 삶을 재점검하도록 할 것이다. 그래서 당신의 인생을 허비하지 말라고 간청할 것이다.
만약 당신이 대학생이라면 영원을 염두에 두고서 어디로 가고 어떤 계획을 세울지 결정하라고 도전하고 싶다.
만약 당신이 은퇴할 때가 가까운 사람이라면 인생의 다음 장을 조개껍데기를 줍거나 골프 리조트 투어를 하는 데 사용하지 말고 의미 있게 살라고 권하고 싶다. 정말 당신이 삶의 마지막 15년을 보내고 예수님을 만날 때 '휴가 중'인 상태로 만난다면 좋겠는가? 당신 인생에서 가장 방해받지 않는 시기를 자기 자신과 여가 생활을 위해 살았다는 것을 어떻게 설명할 것인가?

그리고 만약 당신이 이 두 시기의 중간 어디쯤이라면, 나는 지금 당장 당신의 직업과 자원을 복음을 위해 어떻게 활용할지 생각해 보라고 도전하고 싶다. 그러면 미래에 어떻게 더 위대한 방식으로 복음을 위해 인생을 쓸지 계획할 수 있을 것이다.

내가 이 책을 쓰는 이유는 복음을 전파하고 복음을 위해 죽어 잊히는 또 하나의 세대가 필요하기 때문이다. 친첸도르프를 그렇게 나 따라다녔던 그 질문이다. **"나는 널 위해 이 모든 것을 했는데 너는 날 위해 무엇을 했느냐?"**

자신에게 물어보라.

예수님께서 나를 위해 오지 않으셨다면 나는 어디 있을까? 예수님께서 하늘에 계속 머물며 보좌의 특권을 누리기로 하셨다면?

정신이 번쩍 들게 하는 이 질문에 대한 대답은 바로, **당신이 가지 않으면 온 세상 사람이 가야 하는 그 장소다.** 복음을 믿으려면 들어야 한다. 마르틴 루터가 말했듯이 아무도 듣지 못한다면 예수님께서 천 번이나 죽으셨다고 해도 아무 소용 없을 것이다.

인생은 너무 짧다. 그리고 영원은 너무 길다. 당신의 인생을 낭비하기에는 그 값이 너무 크다.

한 번뿐인 인생, 그렇다, 딱 한 번.

그러니 말하리라. "주의 뜻을 이루소서."

그리고 마침내 내가 부름을 받을 때
난 말하리라. "정말 가치 있었습니다."

인생은 한 번뿐, 그마저도 곧 지나가리라.
그리스도를 위해 행한 일만 남으리라.[17]

내가 확신하는 한 가지가 있다. 만약 당신이 이 책을 읽고 있다면 하나님은 그의 나라를 위해 당신이 감당할 역할을 준비하셨다는 것이다.

인생은 짧다. 영원은 무한하다. 전자를 사용해서 후자를 바꿀 수 있는 시간은 아주 짧다.

그 시간을 허비하지 말라.

"인생에서 가장 지혜로운 순간은
 마지막 때를 생각하며 살아간 순간이다."

- 데이브 터너(Dave Turner), 대학부 및 제자훈련 담당 목사, 서밋교회

2장

버킷리스트를 던져 버리라

인생에서 내가 기대한 대로 산 경험은 딱 네 번이다. 아마 내가 기대를 크게 하는 편이어서 그럴 것이다(의사 선생님이 내 리탈린 약 처방전에 '쉽게 흥분함'이라고 썼던 것 같다).[18] 어쨌거나 내가 크게 기대했던 것 대부분은 더 좋을 수 있었다는 느낌을 남기고 끝나버렸다. 그렇다면 내가 기대한 대로 산 그 몇 가지는 무엇일까?

1. 그리스도인이 된 것
2. 베로니카와 결혼한 것과 자녀들을 가진 것

(이 둘은 내가 생각한 것보다 더 큰 기쁨과 함께 더 큰 도전을 주었다.)

이 외의 리스트는 꽤 짧다.

3. 하와이 카우아이섬 방문
4. 스카이다이빙

또… 뭐, 이 정도인 것 같다.

물론 기회가 주어진다면 이 리스트에 포함시킬 수 있는 경험이 몇 가지 더 있으리라. 고대 잉카 유적지 하이킹이나 에베레스트 등반, 행글라이더 타기나 우주선 타고 달에 가기 등.

이런 경험은 버킷리스트에 담기곤 한다. '버킷리스트'라는 용어는 2007년에 상영된 동명의 영화 때문에 대중적인 말이 되었다. 모건 프리먼(Morgan Freeman)과 잭 니컬슨(Jack Nicholson)은 평소라면 결코 친해질 수 없을 것 같지만 시한부 진단이 맺어 준 재미있는 친구였다. 이들은 '버킷을 차 버리기' 전에(죽기 전에) 하고 싶은 온갖 정신 나간 모험 리스트를 만든다.[19] 그리고 그걸 '버킷리스트'라고 부른다.

더 최근에는 버킷리스트가 '욜로'(YOLO)로 대체되었다. 충동적이고 정신 나간 결정을 정당화하기 위해 사용하는, 네 개의 머리글자로 이루어진 말이다. "인생은 한 번뿐이야(You Only Live Once). 그러니 모든 순간을 가득 채워서 살아야지! 모든 기회를 잡아. 이 삶을 경험할 두 번째 기회는 없을 거야. 그러니 할 수 있을 때 얻을 수 있는 모든 것을 얻어야지."

인정하겠다. 스카이다이빙을 하러 갔을 때 자신에게 '욜로'를 외치는 것은 꽤 동기부여가 되었고, 내가 죽기 전에 꼭 하고 싶은 버킷리스트를 작성하는 것은 상당히 재미있는 작업이었다. 그러나 그리스도인에게 버킷리스트는 의미가 있을까?

어떻게 의미가 있을 수 있을까?

'욜로'는 진리가 아니다.

'옐프'(You Actually Live Forever, 사실 당신은 영원히 산다)가 진리다.

버킷리스트가 그리스도인에게 합당하지 않은 이유는, 선한 그리스도인이라면 집에 갇혀서 안전하고 무료한 삶을 추구해야 하기 때문이 아니다. 이 땅에서의 삶이, 우리가 세상이 제공하는 것을 경험할 유일한 기회가 아니기 때문이다(또 최고의 기회도 아니다).

성경은 "새 하늘과 새 땅"(계 21:1)이, 하나님의 선한 피조 세계인 이곳에서 경험하는 모든 것이 더 나은 모습으로 존재하게 될 곳이라고 알려 준다(계 21:4).

많은 사람이 천국을 여유 넘치는 영원한 인생 정도로 생각한다. 성도들은 새하얀 구름 위에서 기저귀를 차고 활과 화살을 들고 둘러앉아 하프를 켜고, 무알콜 피나콜라다(pina colada)를 홀짝거리고 있는 그림을 그린다. 적어도 하루에 두 번 정도는 모여서 합창 연습을 하겠지만, 그것이 천국에서 우리가 하는 일의 전부일 것으로 생각한다.

성경이 묘사하는 천국은 이와 크게 다르다. 알려 주지 않은 부분도 많지만 알려 준 부분에 따르면 천국은 이 땅에서 우리가 경험하는 것보다 더 나은 실재다. 더 못하지 않다.

학자들은 '새 하늘과 새 땅'을 '새롭게 된 하늘과 땅'으로 읽는 것이 더 낫다고 한다. 달리 말하면, 새 땅은 옛 땅을 대치하는 것이 아니라 새로워지고 회복되는 것이며, 죄의 저주에서 벗어나 하나님의 영광으로 가득 차게 되는 것이다. 신약학자 N. T. 라이트(N. T. Wright)는 이렇게 말한다. "하나님의 계획은 이 땅, 하나님께서 '좋았더라'고 하셨던 그 세상을 버리는 것이 아니다. 도리어 다시 만드시는 것이다. 그리고 그렇게 하실 때 하나님은 모든 사람을 새로운 몸으로 일으켜 그곳에서 살게 하실 것이다. 이것이 기독교 복음이 약속하는 바다."[20]

모든 산과 강과 바다와 동물과 문화와 예술 작품과 음악과 건축물과 태양계, 심지어 내가 여기서 미처 경험하지 못한 익스트림 스포츠까지도 영화된(glorified) 형태로 그곳에서 나를 기다릴 것이다.

나아가 사도 요한은 "사람들이 만국의 영광과 존귀를 가지고 그리로 들어가겠고"(계 21:26)라고 말한다. 이는 모든 문화의 최고봉(최고의 이탈리안 음식, 아라비아와 콜로니얼 건축 양식, 최고의 예술품들, [방탕하지 않은] 마르디 그라[Mardi Gras],[21] [줄 서지 않아도 되는] 월트 디즈니 월드, "저지 쇼어"[Jersey Shore][그러니까, 알다시피 수영복은 빼고 말하는 거다][22])을 의미한다.

(혹시나 해서 하는 말인데, 물론 내가 증명할 수는 없지만, 여기서 당신에게 해로운 모든 음식이 천국에서는 이로울 것이고, 그 반대도 사실일 것이라고 확신한다. 그곳에서는 아이스크림과 초콜릿을 먹어도 허리가 늘어나지 않고, 콜리플라워를 먹어도 체중이 늘 것이다. 말했다시피 이것은 증명할 수는 없지만 영적으로 사유한 결과다. 지혜로운 독자들은 이해할 것이다.)

우리가 부활하면 육체적으로 무엇을 할 수 있을지 다 알 수는 없다. 그러나 예수님의 부활이 어느 정도 힌트를 준다. 부활하신 예수님의 몸은 날 수 있었고 벽을 넘어서 걸어 다닐 수 있었다.

나는 늘 에베레스트를 오르고 싶었다. 내 아내는 우리 아이들이 대학을 졸업하기 전까지는 어림도 없다고 한다. 그때가 되면 나는 아마도 신체적으로 등반하는 것이 불가능할 것이고 기회조차 얻을 수 없을 것이다. 하지만 괜찮다. 왜냐하면 천국에서는 새로워진 에베레스트를 등반할 수 있으리라 확신하기 때문이다. 그리고 그 에베레스트가 훨씬 더 좋을 것이다. 정상에 오르고 나면 저녁 식사를 하러 천국의 토스카나로 날아가리라.

아리송하면서도 매력적인 표현으로 바울은 우리에게 말한다.

"기록된 바 하나님이 자기를 사랑하는 자들을 위하여 예비하신 모든 것은 눈으로 보지 못하고 귀로 듣지 못하고 사람의 마음으로 생각하지도 못하였다 함과 같으니라"(고전 2:9).

쉽게 말해 만약 당신이 상상할 수 있는 것이라면, 그것은 충분히 대단한 것이 아니라는 뜻이다. 이 사실은 정말 환상적인데 내가 생각할 수 있는 것들만 해도 꽤 멋지기 때문이다. 천국은 그 멋진 것들이 가득한 데다 아직 내가 알 수 없는 것까지도 함께 있을 것이다.

이 모든 것을 영원히 선하신 하늘 아버지의 세밀하고 긍정 어린 시선 아래서 하게 되는 기쁨은 말할 필요도 없다.

C. S. 루이스는 신자들이 이 부패한 세상에서 새롭게 회복된 세상으로 옮겨지는 순간을, 아슬란이 아이들에게 "더 높이, 더 깊이!"라고 외치는 숨 막히는 장면으로 그려 낸다.[23]

그러자 아이들은 대답한다.

드디어 집에 왔어요! 여기가 진짜 내 나라예요! 나는 여기에 속했어요. 이 땅이야말로 평생 찾아 왔던 땅이에요. 지금까지 알지도 못했지만 말이죠. 우리가 옛 나니아를 사랑할 수 있었던 이유는 때로 이곳을 살짝 닮아 있었기 때문이었어요.

루이스는 이렇게 결론짓는다.

이 세상에서 아이들이 누린 인생과 모험은 책의 겉표지와 제목이 적힌 속표지에 불과했다. 드디어 지구상의 그 누구도 읽어 본 적이 없는 위대한 이야기의 첫 장을 시작하려는 참이었다. 이 이야기는 영원하다. 그리고 다음 장은 그 앞 장보다 더 좋을 것이다.[24]

내가 뭐라 했는지 말해보겠는가? 버킷리스트가 왜 필요하더라? 이 땅에서 내가 놓친 것 가운데 저 위에서 다시 할 수 없는 일이란 존재하지 않는다.

딱 하나만 빼고.

거기서 할 수 없지만 여기서만 할 수 있는 것이 딱 하나 있다.

사람들에게 예수님을 전하는 것이다.

만약 당신이 버킷리스트에 넣고 싶은 것이 있다면 이것을 추가하는 게 좋겠다.

우리 친구들, 가족, 그리고 지금 이 순간 지구상에서 살아가는 세대에게 예수님을 전하기에는 우리 인생이 믿을 수 없을 정도로 짧다. 키스 그린(Keith Green, 히피였다가 그리스도인이 된 싱어송라이터)이 인생 후반기에 말했던 것처럼 말이다. "이 세대 그리스도인은 전 세계의 이 세대 영혼에 대한 책임이 있다."[25] 우리는 그들이 복음을 들을 수 있는 유일한 기회다.

파티 망치기

모세는 그 세대의 에이브러햄 링컨, 빌리 그레이엄(Billy Graham)이었을 뿐 아니라 랙래(Lecrae)이기도 했다.[26] 아마 당신은 몰랐겠지만, 감사하게도 그가 실제로 했던 말 한마디 한마디가 우리가 가진 성경에 기록되어 있다.

나는 시편 90편을 가장 좋아한다. 우리 인생을 향해 하나님께서 지니신 목적에 관해 모세가 묵상한 내용이다. 모세는 이스라엘에게 인생의 짧음을 기억하며 사는 것만이 참 지혜를 얻는 길이라고 설명한다.

"우리에게 우리 날 계수함을 가르치사 지혜로운 마음을 얻게 하소서"(시 90:12).

나는 이 구절에 대한 마르틴 루터의 번역을 좋아한다. "우리가 죽는다는 사실을 기억하도록 가르치사 우리가 지혜로워지게 하소서."[27]

죽음의 실재를 생각하면 삶에 대한 올바른 관점을 얻는 데 도움이 된다. 물론 우리는 명제적으로 우리가 죽는다는 사실을 알고 있다. 그러나 죽음을 인지적으로 아는 것과 의식적으로 자각하며 살아가는 것은 다르다.

사탄이 아담과 하와에게 했던 첫 번째 거짓말은, "너희가 결코 죽지 아니하리라."였다. 사탄은 죽음의 실재를 보지 못하게 했다. 사탄의 동일한 속삭임이 오늘 우리의 무의식에도 울려 퍼진다. 명제적으로 우리가 죽으리라는 것을 알고 있을 때도 사탄은 죽음의 실재가 얼마나 가까이 있는지, 영원이 얼마나 오랠 것인지 기억 못하도록 유혹한다.

17세기 프랑스 철학자 블레즈 파스칼(Blaise Pascal)은 이에 관해 아주 좋은 비유를 들었다. 그는 우리의 삶을, 행복한 사람들과 요란한 음악과 춤이 가득한 아주 큰 파티에 비유한다. 갑자기 괴물 한 마리가 문을 박차고 들어와 파티에 온 사람을 무작위로 잡아끌어 모두가 보는 앞에서 물어뜯는다. 그리고 피가 철철 흐르는 시체를 방에서 질질 끌어낸다. 모두 두려움에 질려 그 광경을 보다가 상황이 끝나자 충격의 침묵에서 한동안 헤어 나오지 못한 채 서로를 바라본다.

그런데 악단이 다시 연주를 시작하고 사람들은 다시 그 경박함으로 돌아간다. 머릿속에 떠오르는 그 끔찍한 장면을 떨쳐버리며 말이다. 이 무시무시한 상황은 몇 분마다 반복되고, 이제 괴물이 파티에 참석한 모든 사람을 노리고 있다는 것이 분명해진다. 그런데도 파티는 계속된다.

파스칼에 따르면 이 괴물은 임박한 죽음이다. 그리고 우리가 이 괴물을 다룰 때 선호하는 방법은, 그것을 생각하지 못하도록 주의 산만하게 하는 것이다.

풍악을 울려라!

우리 사회는 주의 산만의 예술을 획기적 수준으로 끌어올렸다. 어디에나 TV가 있고 넷플릭스는 드라마 "오피스"(The Office)의 에피소드를 아홉 시즌이 다 끝날 때까지 연속으로 자동 재생한다. 당신의 스마트폰은 아마 지금 당장 주의를 '요하는' 일을 적어도 열 가지는 알려 주고 있을 것이다.

인스타그램, 트위터, 틱톡 같은 소셜미디어 앱은 말 그대로 중독의 심리학에 따라 당신이 스마트폰 화면을 수시로 들여다보고 스크롤하기를 멈출 수 없도록 고안되었다. 트레버 해인스는 하버드 대의 「사이언스 인 더 뉴스」(Science in the News)에 기고하면서 소셜 미디어 앱 개발자들이 어떻게 중독으로 큰돈을 버는지 보여 준다. "알고리즘을 사용해 당신의 도파민 보상 회로를 극도로 활성화함으로써 우리 몰래 우리의 카드와 두뇌를 빼돌리고 있다."[28]

달리 말해 우리의 주의를 빼앗아 중독되게 하는 방식으로 돈을 버는 아주 똑똑한 무리가 있다는 뜻이다. 우리 대적은 창세기 3장의 거짓말 전략을 실리콘 밸리의 첨단 기술 산업에 접목했다.

어서 가서 알림을 확인하라.

나는 기다릴 수 있다.

하지만 그래도 괴물은 온다.

혹시나 해서 말인데 당신이 파스칼의 파티 예화를 읽는 동안에

도 '괴물'은 사람들을 105명씩 해치우고 있다.[29]

그러므로 죽음에 대해 생각하지 않는 것은 얼마나 정신 나간 짓인가? 역사가들은 여태껏 지구상에 1,060억 명의 사람이 살았으리라고 추정한다. 지금 살아 있는 사람은 77억 명밖에 안 된다. 즉, 지금까지 태어난 사람 중 95퍼센트에게는 영원만이 유일한 현실이다.

내 교회학교 선생님이 해주셨던 예화가 아주 적절하다고 생각한다. 약간 이상하긴 하지만 한 번도 잊은 적이 없는 예화다. 선생님은 이렇게 말씀하셨다. "만약 새 한 마리가 부리로 모래 알갱이를 물어서 명왕성까지 가려면 26,655년 하고도 3개월이 걸릴 거야. 만약 그 새가 그걸 명왕성에 떨어뜨리고 지구로 돌아가 다시 모래를 부리에 머금고 날아가기를 지구상의 모든 모래를 없애 버릴 때까지 반복하고 나면 영원의 첫째 날이 지나간 것이란다."

아닌 게 아니라 신약에서 야고보는 우리 인생을 "잠깐 보이다가 없어지는 안개"(약 4:14)라고 말한다. 잠깐 나타났다 사라지는 안개 말이다.

우리가 삶의 덧없음을 보고 나서야, 단지 **보는** 것만 아니라 우리 뼈와 골수에 사무치게 **느끼고** 나서야, 남은 날들이 초점에 들어올 것이다. 죽음을 인식하며 살 때 비로소 우리는 삶을 지혜롭게 생각할 수 있다.

안개 같은 인생을 최대한 활용하라

예수님은 끊임없이 군중에게 영원이 임박했음을 강조하셨다. 이 주제는 예수님께서 가장 자주 반복하신 것 중 하나이기도 하다. 누가복음 12장에서 예수님은 죽음은 전혀 생각하지 않고 굉장한 성공을 누리며 사는 사람의 이야기를 들려주신다. 그가 축적한 부는 자신과 후손이 다가올 세대의 어떤 풍파도 견뎌 내고 안락하게 살도록 보장해줄 정도였다. 사실 그가 죽던 날, 그는 또 다른 전략적 벤처 사업이 멋지게 성공했다는 소식을 접했다. 인생은 살 만했다. "어리석은 자여!" 그날 밤 자려고 누운 그에게 하나님께서 하신 말씀이었다.

"하나님은 이르시되 어리석은 자여 오늘 밤에 네 영혼을 도로 찾으리니 그러면 네 준비한 것이 누구의 것이 되겠느냐 하셨으니"(눅 12:20).

이 이야기를 읽을 때마다 나는 이 남자가 딱히 부도덕한 행위를 한 것이 아니었다는 사실에 충격을 받는다. 그는 속이지도 않았고 빼앗지도 않았고 문란하지도 않았고 가난한 자를 착복하지도 않았다. 하나님께서 그를 어리석다고 한 이유는 단 한 가지, 이 땅에서 사는 삶이 전부인 줄 알았다는 것뿐이다.

"자기를 위하여 재물을 쌓아 두고 하나님께 대하여 부요하지 못한 자가 이와 같으니라"(눅 12:21).

누가복음 16장에서 예수님은 같은 주제를 더 충격적인 비유로 말씀하신다. 내 언어로 다시 옮겨 보겠다.

아주 부유한 사람을 위해 일하는 회계사가 월요일에 해고된다는 통보를 받았다. 금요일이 업무 마지막 날인 셈이었다. 그는 절망하면서 집으로 돌아가 아내에게 말했다. "이제 어떡하면 좋지? 새로운 직업을 시작하기에는 나이가 너무 많고, 매일 5달러짜리 스타벅스 카페 라떼를 사고 일등석 비행기를 타는 데 이미 익숙해졌는데 말이야. 맥스웰하우스 커피와 일반석에 다시는 적응할 수 없을 거야."
하지만 이 말을 하는 순간 그에게 아주 좋은 아이디어가 떠올랐다. 그는 자기 상사의 고객 몇 명에게 전화를 돌려 이런 내용을 전했다. "여기 보니까 고객님은 제 상사에게 10만 달러를 빚지셨네요. 이렇게 해드리죠. 만약 지금 당장 2만 5천 달러를 지불하시면 빚을 다 갚았다는 증서를 써 드리겠습니다. 그렇게 이 건은 종결짓도록 하죠."
(당시에는 회계사가 모든 권한을 가지고 있었기 때문에 이런 일을 할 수 있었다. 그는 법적으로는 아직 해고되지 않았고 해고 통지만 받은 상태였다.)
물론 빚진 사람들은 모두 충격을 받았고 새로운 제안에 따라 기쁘게 일을 처리했다. 회계사는 서류에 사인하고 나서 윙크하며 말했다.

"있잖아요, 나중에 이 일을 이렇게 처리한 게 누구였는지만 기억해주세요."

(사족이지만, 만약 이 이야기가 익숙하게 들린다면 아마 영화 "대부"[The Godfather] 때문일 것이다. 너무 비슷해서 살짝 당황스러울 정도다.)

그런데 그다음 이어지는 예수님의 결론은 모두를 놀라게 하기에 충분했다.

"이 얼마나 지혜로운 회계사냐! 그는 곧 끝나버릴 기회를 이용하여 미래를 준비하고, 새로운 미래를 위한 친구를 만들었다. 이것이 바로 영원을 위해 돈을 쓰는 방법이다."

예수님의 말씀에 따르면 이 부도덕한 회계사는 비록 빗나간 영리함을 보였지만 아주 단순하고 상식적인 지혜를 보여 주었다. 그가 자기 자리에서 누릴 수 있는 시간이 얼마 없음을 알게 되자 그 기회를 극대화해서 다음 단계를 준비한 것이다. 이런 지혜는 예수님께서 탄식하며 말씀하셨듯이 대부분의 교회에는 없다.

"그러니 내 말을 들어라. 너희도 이처럼 너희 돈을 사용해서 영원의 친구를 사귀어라. 이 생애에서 실패하더라도 그 친구들이 영원한 곳에서 너희를 받아 줄 수 있도록 말이다"(눅 16:9, 저자가 의역함).

만약 당신이 현재 살아가는 현실이 끝이 난다는 사실을 안다면 여기 남은 몇 안 되는 순간들을 사용해 다음 생을 준비하는 것이 지혜로운 일 아니겠는가?

신약의 저자들도 계속해서 같은 방법으로 독자들에게 영원의 임박함을 생각하도록 도전한다. 야고보는 이렇게 경고했다. "형제들아 서로 원망하지 말라 그리하여야 심판을 면하리라 보라 심판주가 문 밖에 서 계시니라"(약 5:9).

바울도 여기에 동의한다.

"주께서 가까우시니라"(빌 4:5).

"주의 날이 밤에 도둑같이 이를 줄을 너희 자신이 자세히 알기 때문이라 … 그러므로 우리는 다른 이들과 같이 자지 말고 오직 깨어 정신을 차릴지라"(살전 5:2, 6).

바울의 설명에 따르면 영원이 임박했음을 인지하는 것만이 물질주의의 유혹과 피조 세계의 안락함, 그리고 버킷리스트와 조개껍데기들에서 당신을 벗어나게 할 수 있다. 영원이 가까이 왔다는 사실은 우리에게 이 두 가지만 참으로 중요하다는 사실을 깨닫게 한다. 하나님의 영광과 인간의 영혼이다.

새끼손가락을 잃고 온 세상을 얻기

예수님은 계속해서 인생에 대한 상식적인 접근을 강조하셨다. 한번은 청중에게 이렇게 물으셨다.

"사람이 만일 온 천하를 얻고도 제 목숨을 잃으면 무엇이 유익하리요 사람이 무엇을 주고 제 목숨과 바꾸겠느냐"(마 16:26).

이 비유를 십 대들에게 설명하면서 나는 이렇게 묻는다. "만약 내가 10억 달러를 빳빳한 지폐로 준다고 말하면서 너희 새끼손가락 하나만 자르면 된다고 하면, 너희 중에 몇 명이나 나랑 거래할래?" 일반적으로 99퍼센트가 손을 든다.

이어서 말한다. "좋아. 그러면 너희 새끼손가락이 아니라 팔꿈치까지 요구하면 어떡할래?" 손 드는 아이가 조금 줄어든다.

"팔꿈치까지가 아니라 어깨까지면?" 그래도 조금 남아 있다.

끝으로 이렇게 묻는다. "좋아. 그러면 한쪽 팔만이 아니라 양쪽 팔, 양쪽 다리, 눈알을 빼어 내고, 혀를 뽑고, 귀를 떼어 내는 건 어때?"

손 드는 아이는 없다.

딱 한 명, 맨 뒤쪽에 앉아 있는 고등학교 1학년 남자아이만 손을 들고 있다. 한 명은 꼭 이런다.

그렇지만 전두엽이 다 성장한 녀석들은 이렇게 이성적으로 추론한다. "10억 달러가 있어도 내가 즐길 수 있는 몸이 남아 있지 않다면 무슨 의미일까? 그게 무슨 삶이람?"

예수님께서 하신 말씀이 바로 이것이다. 그렇다면 대체 왜 그렇게 많은 사람이 훨씬 더 가치 없는 것을 위해 훨씬 더 가치 있는 것을 기꺼이 포기하는 걸까?

그리스도의 목적을 물질적 안락과 거래하는 것은 영원을 찰나의 제단 위에 희생 제물로 바치는 것이다.

인생은 한 번뿐이고 그마저도 곧 지나가리라. 그리스도를 위해 행한 일만 남으리라.

피할 수 없이 영원으로 들어갈 때가 되면 하나님께 대하여 부요하게 갈 수 있을 것 같은가? 아니면 버킷리스트를 하나씩 지워 가는 데 너무 집중한 나머지 하나님께는 가난한 자로 갈 것 같은가?

버킷리스트를 던져 버리라

그래서 결론은 무엇인가? 버킷리스트를 던져 버리라. 안개가 영원히 지속될 것처럼 살지 말라. 저녁 파도조차 견디지 못할 모래성

쌓기를 그만하라.

당신이 살아가는 삶이 무의미할 필요는 없지 않은가. 당신의 날들은 영원히 메아리를 울릴 수 있는 가능성을 지니고 있다.

대학 졸업반 때 노스캐롤라이나주 가너의 401번 고속도로에 위치한 레스토랑에서 어머니를 만나기로 약속한 적이 있다. 그때까지 어머니께 말씀드리기를 미뤄 왔던 이야기를 할 참이었다. 나는 하나님께서 그동안 해온 법학 공부를 그만두고 해외 선교사로 헌신하는 일에 나를 부르셨다고 느끼고 있었다.

어머니와 아버지는 두 분 모두 그리스도인이다. 하지만 나는 두 분이 실망하리라는 것을 알았다. 많은 그리스도인이 관념적으로는 선교를 지지하지만 자기 자녀가 가는 건 다른 문제로 느낀다. 우리 부모님은 나를 좋은 학교에 보내고 탄탄한 경제적 기반 위에서 인생을 시작할 수 있도록 많은 것을 희생하셨다. 부모님은 이 결정을 인생 낭비로 생각하시리라는 걸 나는 확실히 알았다.

나는 횡설수설했다. 하나님께서 정말 나를 부르셨다고 어머니를 설득하고 싶었다. 어머니는 조용히 듣기만 하셨다.

드디어 나는 이렇게 말했다. "엄마, 아마 아주 실망하시리라 생각해요. 제가 엄마 가까이에 살면서 편안하게 지내고 엄마가 매일 만날 수 있는 거리에서 손주들을 키울 것을 기대하셨다는 걸 알아요. 하지만 하나님께서 제게 원하시는 건 그게 아닌 것 같아요."

그리고 나는 가만히 앉아 있었다.

논쟁할 준비가 되어 있었다. 예컨대 "네가 그 모든 걸 다 내버리게 하기엔 우린 너무 많이 투자했단다." 같은 반박들에 대해서 말이다. 혹은 그 반박이 눈물일 수도 있었다. 그런데 어머니는 도리어 이렇게 말씀하셨다.

"J. D.야, 네 아빠와 나는 네 인생 전체에 대한 하나님의 뜻이 무엇인지 계속해서 기도해왔단다. 그리고 만약 이것이 하나님께서 너의 인생을 사용하시고자 하는 방식이라면 네 길을 막아서지 않을 거다. 사실 네가 하나님을 섬기기 위해 하나님께로 돌아가는 것보다 우리를 더 자랑스럽게 하는 건 없단다. 만약 하나님께서 네게 주신 은사들을 활용해 국제 선교 현장에서 사용하게 하신다면 우린 끝까지 널 응원할 거다."

나는 멍해졌다. 그런데 그게 끝이 아니었다.

"우리 가족이 함께 축복의 시간을 가질 수 있는 영원이 우리에겐 있잖니. 그러니 이 땅에서 조금 못 누린다고 해도 괜찮다. 그렇지만 우리에겐 온 세상의 아들딸들에게 영원한 가족이 될 수 있다고 말해줄 시간이 얼마 없구나."

이것이 바로 영원의 관점이다.

1951년 봄, 전도유망한 선교사 짐 엘리엇은 에콰도르로 떠나기 전에 부모님께 편지를 썼다. 그 역시 같은 이유로 자기 부모를 설득하려고 했다. 아래는 그가 했던 말이다.

제가 남아메리카로 가겠다고 한 말에 슬퍼하시는 것을 저는 이상하게 생각하지 않습니다. … 이는 주 예수님께서 제자들에게 경고하신 것과 다르지 않습니다. 그분은 하나님의 나라와 그분을 따르는 것에 완전히 빠져서, 충성해야 할 다른 것은 아예 존재하지도 않는 것처럼 되어야 한다고 말씀하셨습니다. 그리고 가족의 끈도 제외하지 않으셨습니다.

사실 우리가 가장 가깝다고 느끼는 사랑은 하나님의 목적을 붙들려는 우리 열망과 비교했을 때 차라리 미움이 되어야 한다고 말씀하신 것들이지요. 그러니 아들들이 멀리 가려는 것 같을 때 슬퍼하지 마십시오. 도리어 하나님의 뜻이 이루어지는 것을 보고 기뻐하십시오. 시편 기자가 자녀들에 대해 어떻게 썼는지 기억하시나요? 자녀들은 주에게서 온 기업과 같고, 화살통이 가득 차면 사람들이 기뻐하듯이 자녀의 많음을 기뻐한다고 썼습니다. 그러나 화살통은 단지 화살을 가득 채우기 위한 것이 아니고, 화살은 쏘기 위한 것이 아니던가요? 그러니 강한 두 팔과 같은 기도로 활시위를 힘껏 당겨 화살이 날아가게 하십시오. 하나도 빠짐없이, 적군의 중심부로 말입니다.

"당신의 아들들을 영광스러운 메시지를 품은 자로 보내시고, 그들이 그 길을 속히 갈 수 있도록 재물을 사용하시며, 승리를 위한 기도로 당신의 영혼을 쏟아부으십시오. 그렇게 써 버린 모든 것을 예수님께서 갚아 주실 것입니다." [30]

짐은 다시 돌아오지 못했다. 그와 그의 아내 엘리자베스, 그리고 그들의 부모들은 영원을 함께하고 있다. 그들이 우리에게 뭐라고 말하겠는가?

그럴 만한 가치가 있었다고 하겠는가, 아니면 없었다고 하겠는가?

"화살이 날아가게 하십시오."라는 말은 자녀를 생각하는 부모뿐 아니라 자기 인생을 놓고 고민하는 우리 모두에게 강력한 비유다. 하나님은 선교를 위한 발판으로 삼을 수 있도록 우리에게 모든 것을 주셨다. 화살은 대적을 향해 쏘라고 만들어졌지, 화살통에 얌전히 있으라고 만들어진 것이 아니다.

인생은 한 번뿐이고 그마저도 곧 지나가리라. 그리스도를 위해 행한 일만 남으리라.

참으로 잃어서는 안 될 것을 얻기 위해 간직할 수 없는 것을 포기하는 사람은 절대로 바보가 아니다.

"저는 부름받은 적이 없습니다."라고 말하는가? 내 생각에는 "부르심을 듣지 못했습니다."가 올바른 표현이다. 성경을 향해 귀를 열고 하나님께서 당신을 부르시며, 가서 죄인들을 죄의 불구덩이에서 끄집어내라고 하시는 것을 들어라. 인류의 무겁고 아파하는 마음을 향해 귀를 열고 비참하게 도움을 요청하는 그 신음을 들어라. … 그리고 당신이 순종하겠다고 했던 자비로운 그리스도의 얼굴을 바라보고, 세상에 그분의 자비로움을 널리 알리기 위한 행진에 참여할 것인지 아닌지 말하라.

- 윌리엄 부스(William Booth), 구세군 창시자

3장

'부르심'을 둘러싼
신화

10월의 어느 화창한 일요일 아침, 우리 교회 주차장에 들어선 두 대의 차 안에서 다섯 명의 대학생이 몰려나왔다. 그들은 소방차 전용 구역에 주차하고는 뒤에서 세 번째 줄에 앉았다가 예배가 끝나자마자 미끄러지듯 예배당을 빠져나갔다. 하지만 그들은 아주 즐거웠던 모양이다. 다음 주말에 그와 같은 젊은이 500명이 나타났기 때문이다.

아, 그리고 그 두 대의 차는 여전히 꽉 차 있었다.

학생들은 교회에 아주 귀한 것을 들고 온다. 열정과 낙천적 시야, 복음 전도를 향한 열심 같은 것들이다. 하지만 여기에 돈은 포함되지 않는다. 그 당시 매주 평균 출석이 거의 두 배 가까이 뛰었다. 반면 평균 헌금은 2달러 정도 올랐다.

그 가을의 기억 중 내가 가장 좋아하는 하나는, 한 예배 봉사자가 예배 후 내게 헌금 바구니를 들고 왔던 일이다. 그 바구니에는 어느 대학생이 낸 맥도날드에서 산 베이컨, 계란, 그리고 치즈 비스킷이 들어 있었다. 거기엔 이런 쪽지도 함께 있었다. "은과 금은 내게 없지만 내게 있는 이것을 주님께 드립니다."

하지만 주말 예배에 참석하는 학생 수가 늘어나기 시작하면서 우리 리더들은 미래에 대한 사실 하나를 점차 깨달았다. 우리는 가장 부유한 교회는 아닐지라도 선교 꿈나무들이 있는 교회, 즉 자신의 삶을 의미 있게 살기 원하며 하나님께서 하시는 말씀을 듣기를 갈망하는 허다한 무리가 있는 교회라는 사실이었다.

우리는 많은 이가 혁명적이라고 느낄 비전을 그들에게 던졌다. 하지만 그것은 사실상 기독교 제자도의 가장 기본적인 내용이었다. 바로 이것이다.

예수님을 따르는 모든 사람은 자기 삶을 지상 사명의 성취를 위해 사용하도록 부름받았다.

내가 믿기에 오늘날 교회 가운데 살아 있는 가장 파괴적인 신화 중 하나는 소수의 사람만이 이 사역을 위해 부름받았다고 생각하는 것이다.

하나님의 뜻을 찾는 '치리오스' 방법

많은 그리스도인은 '부르심'을 신비한 계시를 통해 선택받은 소수에게 주어지는 신성한 경험이라고 믿는다. 하나님께서 그들의 삶에서 특별한 것을 원하신다면 불타는 떨기나무나 젖은 양털 또는 마른 양털같이 극적인 표징을 보여 주시리라 여기는 것이다. 나는 이를 하나님의 뜻을 찾는 '치리오스'(Cheerios) 방법이라고 부른다.[31] 만약 하나님께서 당신을 위해 중요한 뜻을 가지고 계신다면 그분은 당신이 먹는 치리오스로 그 뜻을 나타내실 것이다. 작은 'O' 사인은 "네팔로 가라."라거나 "목사가 되어라."라는 말을 전해 주는 신비로운 통로가 된다.

하지만 진실은 이렇다.

모든 그리스도인은 사역으로 부름받았다.

꼭 '직업적' 의미의 사역은 아닐 수 있지만 자기 삶 전체를 지상 사명을 위해 사용하라는 부르심이다.

이 부르심은 알다시피 예수님을 따르라는 최초의 부르심에 포함된 것이다. "말씀하시되 나를 따라오라 내가 너희를 사람을 낚는 어부가 되게 하리라 하시니"(마 4:19). 즉, 예수님을 받아들이기로 했을 때 당신은 사역으로 부르심을 받아들인 것이다.

1장에서 썼듯이 우리가 해야 하는 질문은 이제 "과연 내가 부르심을 받았을까?"가 아니라 "어디로, 어떤 일로 부르심을 받았는가?"이다.

물론 내 친구 중에는 하나님께서 직업적 사역으로 부르신 극적인 순간이 있었던 이들도 있다. 성령님께서 어떤 이들의 가슴에 직업적 사역을 향한 열망을 심으시는 것도 사실이다. 이 열망은 한 교회를 이끌거나 자신의 에너지를 헌신하여 전임으로 복음 사역에 드려지고자 하는 열망이다. 이런 열망은 바울에 따르면 선한 것이며 일반적으로 하나님께서 직업적 사역으로 사람들을 부르실 때 주시는 것이다(딤전 3:1). 예를 들어 하나님은 느헤미야의 가슴에 예루살렘 성벽을 재건하고자 하는 꺼뜨릴 수 없는 열망을 주셨고, 느헤미야는 그 열망을 하나님의 부르심으로 올바르게 해석했다(느 2:12).

하지만 가장 기본적인 의미에서 모든 그리스도인은 사역을 위해 부르심받았다. 모든 그리스도인은 자기 삶을 지상 사명을 위해 사용하도록 부름받은 것이다. 이것이 바로 예수님께서 그분을 따르라고 부르실 때, 그 부르심의 이유다.

그러니까 어디서 어떻게 커리어를 쌓을지 선택할 때, 하나님의 사명을 생각해야 한다는 뜻이다. **어디서든 직업은 가져야 한다.** 그러니 하나님께서 전략적으로 일하실 곳에서 직업을 가지는 건 어떤가? 커리어를 쌓아 갈 때 고려해야 할 요소는 많다. 어디에 가야 가장 돈을 많이 벌 수 있을까, 가족과 같이 살 수 있을까, 멋지게 살 수 있을까 등. 다 좋고 선하다. 그러나 하나님의 나라가 이 모든 요소 중 가장 큰 요소가 될 수 없는 이유는 무엇인가? 예수님을 따르는 사람이란 그런 뜻이 아닌가? 무엇을 하든지 하나님의 나라를 가장 먼저 추구하는 사람 아닌가?

아브라함의 조카 롯은 돈을 따라 커리어를 선택했다. 그리고 그 결말은 좋지 못했다. 특히 롯의 아내에게는 상당히 고통스러운 상황이 되었다.[32] 어디서 어떤 커리어를 쌓든, 만약 당신에게 가장 중요한 요소가 돈이라면 일이 잘 풀리기는 어려울 것이다.

나는 당신이 커리어를 통해 하나님의 뜻을 추구하는 것을 이렇게 요약하곤 한다. **당신이 잘하는 것이 무엇이든 그것을 하나님의 영광을 위해 잘하라. 그리고 하나님의 사명을 위한 전략적인 장소에서 하라.**

하나님은 모든 사람이 설교를 잘하거나 목양을 잘하도록 만들지 않으셨다. 그러나 잘하는 것은 분명 주셨다. 그것이 건축일 수도 있고, 교육, 법, 약, 사업일 수도 있고, 또 다른 것들일 수도 있다. 그것이 무엇이든 간에 하나님의 영광을 위해 그 일을 잘하라. 그러나 거기서 그치지 말고 하나님의 사명을 위해 전략적으로 사용될 수 있는 곳에서 그렇게 하라.

물론이다. 하나님은 때로 사람들이 커리어에서 떠나 사역을 추구하게 하신다. 베드로에게 그렇게 하셨듯이 말이다(눅 5:1-11). 그러나 더 많은 경우에 하나님은 커리어를 통해 사람들을 사용하신다. 사도행전이 말해주듯이 하나님은 우리에게 커리어를 주시고 이를 부분적으로라도 복음 전파와 선포의 통로로 사용하신다. 하나님께서 어떤 이들을 부르실 때는 커리어를 떠나 사역을 하라고 하시지만, 또 어떤 이들은 커리어를 활용하라고 부르신다. 어떤 방식으로든 우리는 모두 사역을 위해 부름을 받았다.

만약 커리어를 쌓아 가는 가운데 복음 전파를 주요 요소로 여기지 않는다면, 어떻게 복음을 진지하게 여기고 있다고 말할 수 있겠는가?

'그들'이 되라

어린 시절부터 내 상상력을 가장 자극했던 예수님의 기적은 5천 명을 먹이신 사건이었다. 고작 히브리 '해피밀' 수준이었던 떡 다섯 개와 물고기 두 마리로 예수님은 5천 명이 넘는 굶주린 사람을 먹이셨다.[33] 이 기적을 통해 우리는 사역에 관한 여러 사실을 배울 수 있다. 하지만 그중에서 가장 중요한 것은 이것이다. **하나님은**

지상 사명을 성취하기 위해 필요한 모든 것을 이미 당신의 교회에게 주셨다.

어린아이가 자기 손을 펴 떡 다섯 개와 물고기 두 마리를 드리기만 하면 되었듯이, 우리도 단지 우리 인생에 있는 것들을 그분의 손에 드릴 때 잃어버린 수많은 이가 풍성하게 공급받는 것을 보게 될 것이다.

사도행전은 이 사실을 계속해서 보여 준다. 하나님은 일반적인 사람들을 복음의 창끝으로 사용하신다. 사도행전 내내 복음을 확장하는 일에 일반 사람들은 사도들마저 뛰어넘는다.

복음이 예루살렘 경계를 처음 넘은 것은 사도들의 입을 통해서가 아니라 보통 사람들을 통해서였다. 예수님은 제자들에게 분명히 당신의 복음이 예루살렘과 온 유대와 사마리아와 땅끝까지 전파되어야 하리라고 말씀하셨다.

그러나 사도행전 7장까지도 복음은 여전히 예루살렘에 '갇힌' 것처럼 보인다. 사도행전의 첫 일곱 장에는 복음을 들고 예루살렘을 떠나는 단 하나의 사례도 등장하지 않는다.

이런 상황은 스데반 이야기에서 완전히 바뀐다. 스데반은 일반 성도로서(사도가 아니었다) 공동체 내의 과부들을 너무나 겸손하게 희생적으로 섬겼고, 덕분에 산헤드린 앞에서 자신이 한 일을 설명해야 했다.

스데반의 담대한 증언은 불을 댕겼고, 신자들은 예루살렘에서 쫓겨나 유대와 사마리아로 흩어졌다. 그들은 복음과 함께 흩어졌다(행 8:4). 누가(사도행전의 저자)는 잠깐 곁길로 나와 말씀을 선포하러 떠난 이들 중 사도는 단 한 명도 없었다고 지적한다.

> "… 사도 외에는 다 유대와 사마리아 모든 땅으로 흩어지니라 … 그 흩어진 사람들이 두루 다니며 복음의 말씀을 전할새"(행 8:1, 4).

하나님은 일반 성도의 말씀 전파를 통해 사도행전 7장까지 사도들이 할 수 없었던 일을 이루셨다.

같은 장 뒷부분에서 우리는 첫 번째 '국제 선교 여행'이 또 다른 일반 성도였던 빌립에 의해 이루어진 것을 본다. 하나님의 영이 그를 인도하여 에티오피아 궁정 관료를 광야 길에서 만나게 하셨고, 빌립은 그를 그리스도께 인도하고 세례를 베풀었다(행 8:26-40).

교부 이레나이우스(Irenaeus)에 따르면 이 '에티오피아 내시'는 사하라 이남 아프리카로 돌아가 첫 번째 복음 전파자가 되었다.[34]

일반 성도 한 사람, 빌립이 성령님께 순종했을 때 당시 사도들이 했던 것보다 더 먼 세계에까지 복음이 전파될 수 있었다.

'무명'의 그리스도인을 통해 복음이 전파되는 패턴은 사도행전 내내 계속된다. 스티븐 닐(Stephen Neill)은 고전인 『기독교 선교의 역사』(History of Christian Missions)에서 이렇게 말한다.

이 초기 선교사들에게는 무명이라는 것 말고는 주목할 만한 게 없다. … 누가는 기초를 다진 이 개척자 중 단 한 명의 이름도 언급하지 않는다. 위대한 교회들 중 극히 적은 수의 교회만이 사도에 의해 세워졌다. 베드로와 바울은 아마 로마 교회를 조직했을 것이다. 그러나 그들이 로마 교회를 세우지 않았다는 것은 분명하다.³⁵⁾

닐 박사는 1세기 말까지 주요 기독교 '중심지'가 세 곳 존재했다고 지적한다. 바로 안디옥, 알렉산드리아, 로마다. 그에 따르면 이 중심지들의 놀라운 점은 누가 이곳에서 복음 운동을 시작했고, 누가 첫 교회를 세웠는지 전혀 알지 못한다는 것이다.

예컨대 안디옥 교회는 사도행전 후반부에서 선교 활동의 허브로 작용하는데, 이 교회는 스데반의 설교 후 흩어진 이들이 세운 교회였다(행 11:19). 여기서 중요한 점은 이것이다. 사도행전의 저자인 누가는 고대 세계에서 가장 전략적으로 교회를 개척한 사람이 누구인지 개개인의 이름을 들어 보고하지 않는다. 단지 주의 손이 "**그들**과 함께"하셨다고 말할 뿐이다(행 11:21).

'그들.'

내 친구 밴스 피트먼(Vance Pitman)에 따르면 이것은 누가가 말하는 방식이다. "나는 이 수많은 사람의 이름은 언급하지 않을 거야. 어차피 들어도 처음 듣는 이름일 거고 누군지도 모를 테니 말이지." 그들은 영화의 엔딩 크레딧에서 '지나가는 행인3'으로 등장할 만한 사람이다.

아볼로도 평신도로서 또 한 명의 '그들'이었다. 그는 가장 먼저 에베소에 복음을 들고 간 사람이다. 그리고 또 다른 '그들'이 로마 교회를 세웠다. 이들은 공식적인 선교 여행으로 로마에 방문한 것이 아니었다. 그들은 사업이나 다른 이유로 자연스럽게 거주지를 옮기는 과정에서 복음을 들고 간 것이다! 그들은 그곳에 가서 제자를 삼고 교회를 세웠다(행 8:5-8; 18:24-19:1; 28:15).

'그들'에 대해 하나님께 감사하자.

기독교 역사상 복음은 거의 언제나 전파되어 정착했다. 당신과 같은 평신도들이 가는 곳마다 복음을 전했기 때문이다. 평신도는 복음의 창끝이다.

다시 말하지만, 문제는 우리 삶이 지상 사명을 위해 사용하도록 부름받았는가가 아니라 어디서 어떻게 사용되도록 부름받았는가이다. 하나님께서 주신 은사가 무엇이든 하나님은 그 은사를 지상 사명을 염두에 두고 주셨다.

어쩌면 기독교계에서 한 명도 당신의 이름을 알지 못할 수도 있다. 그러나 당신은 이제껏 세워진 팀 가운데 가장 능력 있고 효과적인 선교 역량을 발휘하는 팀의 일원이 될 수 있다. 바로 '그들'이라는 팀이다.

활짝 열린 대문

만약 미전도 세계에 미치는 선교 역량을 600퍼센트로 끌어올릴 방법이 이미 나와 있다고 말한다면 믿겠는가?

현재 40만 명의 복음주의 선교사는 (모든 교단의) 선교학자들이 '10/40 창'(10/40 window, 위도 10도와 40도 사이에 위치한 나라들로, 대부분의 미전도 종족이 사는 지역이다)이라 부르는 지역에 살고 있다. 이 선교사들로 인해 하나님을 찬양한다. 그러나 예수님을 알지 못하는 수백, 수천만 명의 사람과 비교해보면 상당히 적은 수다.

그러나 또한, 현재 2백만 명의 미국인이 같은 10/40 창 지역에서 소위 '세속' 직업을 가지고 일하고 있다. 이 가운데 대략 절반 정도가 그리스도인이다. 그중 90퍼센트는 신앙에 진지하지 않은 사람들이라 해도, 그리스도께 진지하게 헌신한 이들이 여전히 20만 명 남는다. 20만 명의 '그들'이다.

이들 한 명 한 명이 자신의 최우선 정체성을 '제자 삼는 제자'로 인지했다고 상상해보라. 그들은 복음 전파를 위해 모든 기회를 최대로 활용할 수 있는 이들이다.

이렇게 된다면 4만 명의 '선교사' 수는 24만 명으로 늘어난다. 교회가 한 푼도 더 쓰지 않아도 말이다(그리고 이건 고작 미국 그리스도인들만 계산한 것이다!).

내 아버지가 40여 년간 일하신 방직 공장에서 은퇴하시자, 회사는 그에게 해외의 10/40 창에 위치한 새 공장 건립의 관리 감독을 하지 않겠느냐고 물었다. 아버지는 거기서 아시아 비즈니스맨들과 어깨를 같이하며 일하셨다. 우리 선교팀이 가서 '영어 코너'를 한다든지 물병을 나눠 주는 것으로는 어림도 없는 일이었다. 아버지는 그들 중 두어 사람이 그리스도를 믿게 하는 도구가 되셨고, 새 교회를 개척하는 일을 일부 돕기도 하셨다.

지역 사회 공동체에서는 어머니가 교수라는 사실을 알게 되자 어머니에게 영문학 수업을 해줄 수 있겠느냐고 물어 왔다. 어머니는 문학 전공은 아니라고 말했지만 그들은 상관없다고 했다. 어머니는 성경을 사용해서 가르쳐도 되겠느냐고 물었고 그들은 "그럼요, 너무 좋죠."라고 대답했다. 어머니는 그 지역에서 가장 똑똑하고 명석한 이들에게, 그들이 들어 보기만 하고 이제 처음 소개받은 성경을 가르치셨다.

교회가 이를 위해 지불한 총비용은 '0달러'다.

사실 교회는 오히려 돈을 벌었는데, 아버지가 거기 계시는 동안 계속 십일조를 보내셨기 때문이다.

여러분 가운데 다수는 자신의 손을 보고 하나님께서 열방을 열 열쇠를 이미 손에 쥐여 주셨다는 사실을 발견했을 것이다.

하나님은 우리가 사는 세상의 현재 경제 지형까지도 선교를 위한 기회로 삼으시는 것 같다. 선교학자 마이크 바넷(Mike Barnett)은 이렇게 말한다.

세계 인구의 20퍼센트가 무슬림 국가에서 살고 있지만, 고작 세계 무역의 4퍼센트만이 이들 국가에서 나온다. … 우리는 기독교 신앙을 전파할 수 있는, 세계사에서 유례없는 기회의 시기를 살아가고 있다. 어떤 나라도 사업을 막지는 않는다. 다른 사람을 사랑하는 것이 불법인 나라는 없다. 우리 앞에 문이 활짝 열렸다. 만약 우리가 기꺼이 적절하게 무장하고 그들과 함께 살아가기를 원한다면 말이다. 선교에 '닫힌' 곳으로 여겨지는 나라들도 [기업인으로] 오는 그리스도인들은 환영한다.[36]

기업인 지도자들에게 10/40 창은 전혀 '창'이 아니다. 활짝 열린 대문이다. 물론 하나님께서 당신의 삶을 투자하라고 지시하신 땅이 바로 지금 살고 있는 동네일지도 모른다. 만약 그곳이 부르신 곳이라면 당신이 있어야 할 곳은 그곳이다.

  핵심은 우리 모두 어디론가 **보냄받은 자**로 살아야 한다는 것이다. 그리고 보냄받은 자로 살아간다는 것은 하나님께서 당신의 사역을 위해 당신을 어디서 사용하기를 원하시는지 여쭈어 보았다는 뜻이다. 그리스도인이라고 해서 모두 해외로 나가는 것은 아니지만 모두가 보냄받은 자로 살아간다.

자기 일에 능숙해져라

잠언은 말한다. "네가 자기의 일에 능숙한 사람을 보았느냐 이러한 사람은 왕 앞에 설 것이요 천한 자 앞에 서지 아니하리라" (잠 22:29). 만약 자기 일을 아주 잘하게 된다면 왕이라도 당신이 할 수 있는 일에 관심을 가질 것이다.

내 친구 마이크는 미국에서 가장 명망 있는 의과대학 중 한 곳에서 신경과 과장을 맡고 있다. 그 대학은 일 년에 몇 번씩 그를 아시아의 멀리 떨어진 곳, 손이 가장 잘 닿지 않는 지구상의 한복판으로 보낸다. 거기서 마이크는 현지인 의료 전문인과 공무원들을 가르치고 의과대학생들의 멘토가 되어 준다.

그가 일하는 대학은 기독교 대학이 아니다. 그리고 그가 가는 곳들은 대체로 기독교에 닫힌 곳이다. 그러나 마이크는 최근 내게 이렇게 말했다. "하나님께서 내게 주신 성공 덕분에 나는 포럼에서 내가 원하는 말을 거의 다 할 수 있어. 그래서 언제나 나는 간증을 하고, 복음이 내가 의학을 대하는 태도를 어떻게 형성했는지 설명하지."

또 다른 친구 헨리는 노스캐롤라이나주에서 가장 성공한 기업가 중 한 명이다. 헨리는 전 세계에서 초청을 받아 많은 이를 가르치고 영감을 준다. 그는 이런 기회를 활용해 자신의 신앙이 어떻게 일에 대한 자신의 태도를 형성했는지 설명하고, 지상 사명에 헌신한 그리스도인들이 이끄는 사업에 힘을 실어 주기 위해 자신의 투자를 활용한다.

또는 루이즈 실리아 플레밍(Louise Celia Fleming)의 이야기를 기억해 보라. 그녀는 첫 번째 아프리카계 미국인 여성 선교사였다. 플레밍은 노예로 태어났지만 남북전쟁 이후 학교에 가서 교사가 되었다. 그녀는 플로리다주의 세인트오거스틴에서 1880년 브루클린을 방문하기 전까지 꽤 오래 가르쳤다. 브루클린에서 플레밍은 자신의 성경 지식에 크게 감명받은 한 사역자를 만났다. 그는 플레밍을 격려하며 노스캐롤라이나주에 있는 쇼대학에 지원하도록 했고, 그녀는 그곳에 합격했다. 그리고 몇 해 지나지 않아 쇼에서 수석으로 졸업하게 되었다.

졸업하고 1년이 지난 후 플레밍은 '여성침례교해외선교회'로부터 콩고의 첫 번째 교사가 되어 달라는 요청을 받았다. 그녀는 요청에 응했고, 선교사 겸 교사로 섬기는 첫 번째 흑인 여성이 되었다. 플레밍은 자기 지위를 활용해 콩고 학생들의 성적표와 서류를 대학으로 보냈다. 대부분 자기가 졸업한 쇼대학이었다.

할 수 있는 한 자기 일에 최고가 되라. 능숙해져라. 당신의 능력도 하나님께서 왕 앞에 세우기 위해 사용하시는 것이 될지도 모른다. 그리고 그곳에 가게 되었을 때 그들에게 예수님에 관해 이야기하라. 머리를 싸매고 공부해서 로스쿨에 들어가거나 지독한 인턴과정을 겨우겨우 통과하는 것은 경건과 거리가 멀어 보이겠지만,

이것이야말로 하나님께서 당신을 사람들이 당신의 말을 들을 수밖에 없는 위치에 두시려는 것인지도 모른다. 열렬하게 일하면서도 복음을 소중하게 생각하는 사람은 극소수다.

지금이 그때 그 시절일지도 모른다

교회사에 있었던 위대한 복음 확장의 경험을 오늘 우리도 할 수 있다.

드라마 "오피스"의 마지막 에피소드에서 앤디 버나드는 내가 항상 굉장하다고 생각하는 말을 한다. 극 중 인물들이 '오피스'에서 9년을 함께해 온 시간이 곧 끝난다는 사실을 인지할 때쯤 앤디는 카메라를 향해 돌아서서 이렇게 말한다. "'그때 그 시절이 좋았지.'라고 말하기보다 지금이 그때 그 시절이라는 사실을 지나가 버리기 전에 깨달았으면 좋겠네요."

교회에서 귀 기울여 본다면 당신은 기독교 리더들이 전하는 '그때 그 시절' 이야기, 베드로와 바울이 숨 막히는 담대함으로 설교했던 이야기를 들을 수 있을 것이다. 소그룹은 밤새워 기도했다. 순교자들은 기꺼이 자신의 생명을 희생했다. 바울의 손수건은 사람들을 치유했고, 사기꾼은 거짓으로 봉헌하다 그 자리에서 죽어 버렸다. 설교 중에 꾸벅꾸벅 졸았던 사람은 창밖으로 떨어져 죽었지만, 자신을 잠에 빠지게 한 그 장황한 설교자에 의해 다시 살았다. 교회의 생명력은 막을 수가 없었다.

역사학자 로드니 스타크(Rodney Stark)가 지적한 유일한 문제는, 만약 당신이 이 시기에 살았다면 대부분의 시간 동안 당신이 이 거침없는 운동의 일부임을 '느낄' 수 없었을 것이라는 점이다. 그 이유는 이렇다. 1세기에 있었던 전 세계 기독교 신자의 추정 최대치는 고작 7,500명이다.[37] 우리는 베드로와 바울이 빌리 그레이엄 스타일의 복음 운동으로 매일 수천 명의 회심자를 내었을 것이라 상상하지만 전혀 그렇지 않았다.

1세기 기독교의 성장은 양적으로는 전혀 굉장하지 않았다. 사실 오리게네스(Origenes)는 당대의 기독교 운동에 대해 지역적으로는 넓게 흩어져 있으나 양적으로는 미미한 공동체로 묘사한다.[38] 그가 죽을 때가 되어서도 기독교인은 고작 로마 제국 전체 인구의 2퍼센트에도 미치지 못했다!

그러나 AD 312년이 되었을 때는 기독교인의 수가 너무 늘어나서 황제 콘스탄티누스가 정치적인 이유로 기독교로 개종을 결정하기에 이른다. 로마 제국의 절반이 넘는 사람이 이제 기독교인이 되었다!

1세기 말과 AD 312년 사이에 대체 무슨 일이 있었던 것일까? 어떻게 그처럼 산발적으로 흩어져 정치적으로 무의미했던 신자 집단의 수가 이렇게 증가해 당시 세상에서 가장 힘센 권력자가 주의를 기울여야 할 정도가 되었을까?

로드니 스타크는 이를 '배가의 법칙' 덕택이라고 본다.[39]

중학교 때 우리를 귀찮게 했던 이 문제가 기억나는가?

1만 달러를 30일 동안 매일 받는 것과 0.01달러에서 시작해 매일 두 배씩 받는 것 중 선택할 수 있다면 어떤 것을 선택하겠는가?

나는 대부분의 중학생처럼 주저 없이 1만 달러를 매일 받는 것을 택했다. 생각해보라. 1만 달러를 가지고 할 수 있는 게 얼마나 많은가? 30일만 지나면 나는 30만 달러를 가지게 될 것이다. 이 돈을 다 쓸 수 있는 사람이 어디 있을까? 오락실용 오락기 한 대, 아니 무려 열 대와 새로 나온 거대한 32인치 컬러 TV와 마티 맥플라이의 세상에서 가장 멋진 자동차, 1982년식 드로리안(DeLorean)을 다 사고도 무려 20만 달러가 남을 것이다.[40]

그러나 수학 선생님은 우리에게 0.01달러를 택했어야 했다고 말씀하셨다. 물론 첫 주에 나는 고작 몇 달러밖에 가질 수 없을 것이다. 그러나 월말이 되면 나는 10,737,418.23달러를 거머쥐게 된다. 드로리안 부대를 꾸릴 수 있을 정도다!

이것이 바로 배가의 힘이다. 이제 알아차렸을 것이다. 초대 교회는 오늘의 우리에 비하면 아주 적은 수밖에 없었다. 거대한 객석 같은 것은 없었다. 출판사도 없었고 출판 계약도 없었고 TV 방송

국도 없었으며 정치력도 없었다. '종교자유회복법' 같은 것도 없었다. 사실 돈이 없는 것이나 마찬가지였다.

그런데도 그들이 가지고 있었던 것은, 모든 그리스도인이 배가하도록 부름받았으며 하나님께서 그렇게 할 수 있도록 직접 힘을 주신다는 사실에 대한 명확한 이해였다. '모든' 그리스도인은 제자 삼아야 한다. 새로 개척된 모든 교회는 재생산해야 한다.

그리고 이것이 오늘날 우리가 가진 모든 것을 합한 것보다 더 큰 전 세계적 영향을 만들어 냈다.

알베르트 아인슈타인(Albert Einstein)이 이런 질문을 받은 적이 있다고 전해진다. "우주에서 가장 강한 힘은 무엇인가?" 그의 대답은 무엇이었을까? "복리(複利)." 이는 교회에도 해당된다. 배가의 힘은 위대한 설교, 전문적인 워십팀, 그리고 인상적인 건물이 주는 영향을 모두 능가한다.

지난 백 년 동안 우리는 기독교 역사상 가장 크고 인상 깊은 대형 교회들이 세워지는 것을 목격했다. 빌리 그레이엄이 경이로운 수의 군중을 모으는 것을 보았다. 이 일들은 모두 멋지다. 이런 일이 더 많아져야 한다. 그러나 이 모든 일에도 불구하고, 미국에서 매주 교회에 가는 사람들의 비율은 갈수록 줄어들고 있다.

초대 교회는 우리가 가진 것을 전혀 가지지 않았지만, 우리가 하지 못하는 일을 해냈다!

하나님께서 이 선교의 실패를 사용하셔서 우리를 신약의 뿌리로 돌아가게 하시는 것은 아닐까? 오늘날 교회가 마주하는 여러 어려움, 즉 재정 부족, 정치적 영향력의 하락, 사회적 적대감 증가 등이 하나님께서 계획하신 것이며, 각 세대 교회가 앞으로 나아가게 했던 그것으로 우리가 돌아가게 하시는 것은 아닐까?

오늘날 미국에는 스타벅스, 서브웨이, 맥도날드보다 더 많은 수의 남침례교회가 있다.

만약 이 교회들 하나하나가 배가에 헌신한다면?

만약 이들이 사역의 성공을 재적수가 아니라 보낸 사람 수로 측정한다면?

신자 한 명 한 명이 지상 사명을 **자신의** 의무로 여긴다면?

우리 증손주들이 이때를 돌아보며 '그때 그 시절'이라고 생각하지 않겠는가?

이 일은 일반 신자들이, 자신이 사역으로 **부름받았다**고 여길 때만 일어날 수 있다.

프랜시스 챈(Francis Chan)은 다음과 같이 잘 말했다.

수많은 사람이 함께 모여 큰 소리로 찬양하고, 이혼하지 않으며, 선교를 위해 헌금하는 것에 만족하던(그래야만 했던) 시대는 오래전에 지나갔다. 나는 이제 우리 교회 성도 중 누구든 시내 한복판에 내려주면 그가 거기서 예수님 안에서 성장하고, 제자 삼으며, 교회를 시작하는 것을 도울 수 있는지 알고 싶다.[41]

이 일은 당신으로부터 시작된다. 하나님은 당신을 배가를 위해 부르셨다. 영원토록 함께할 열매를 맺도록 부르셨다(요 15:16).
  나도 안다. 너무 부담스러울 것이다. 그러나 예수님께서 설명하셨듯 이 일은 당신 혼자 하는 일이 아니다. 이 일은 당신이 탁자 위에 "예"라는 카드를 올려놓을 때 하나님께서 당신을 **통해서** 하시는 일이다.
  당신이 그분을 위해 무엇을 할 수 있느냐는 당신의 문제가 아니다. 이는 당신 안에 계시는 그분의 문제다.

"하늘로부터 오는 모든 것에 다 당신의 이름이 적힌 것은 아니다. 하지만 어떤 것들에는 적혀 있다. 그것이 무엇인지 찾아내라. 그리고 그것을 따라가라."

– 래리 오스본(Larry Osborne)

4장

더 큰 일을 하는 사람

성경 퀴즈를 한번 해볼 시간이다! 펜과 노트를 준비하라. 심판이 뒤에 있고 시계는 돌아가기 시작한다. 누군가 알렉사(Alexa, 음성 인식 인공지능 비서)에게 "제퍼디!"(Jeopardy, 미국의 TV 퀴즈 쇼) 테마곡을 틀어 달라고 하라.

질문: 예수님이 가장 좋아하신 설교자는?

째깍, 째깍, 째깍. 10초 남았다.

힌트: '세례'라는 말과 관련 있다.

맞다! 바로 '세례 요한'이다.
예수님은 세례 요한의 설교를 정말 좋아하셨다. 이렇게 말씀하셨으니 말이다.

"내가 진실로 너희에게 말하노니 여자가 낳은 자 중에 세례 요한보다 큰 이가 일어남이 없도다"(마 11:11상).

예수님은 요한의 팟캐스트 "불과 유황, 그리고 볼품없는 패션"이라면 다 듣고 계셨다. 'WWJTBD?'(세례 요한이라면 어떻게 할까) 팔찌를 차고 다니셨고, 요한이 '설교자와 신발'(Preachers N Sneakers) 인스타그램에 등장하면 항상 요한 편을 드셨다. 요한이 방으로 들어올 때면 예수님은 요한의 다른 팬들과 함께 주먹을 들어 올리고는 "세례 요한! 세례 요한!" 하고 소리 지르셨다.[42]

아, 물론 아닐 수도 있다. 그렇지만 예수님께서 요한의 설교를 크게 좋아하셨다는 것만은 분명하다. 그런데 그다음에 하신 말씀이 더 굉장하다.

"…그러나 천국에서는 극히 작은 자라도 그보다 크니라"(마 11:11하).

천국에서 극히 작은 자라도 모든 선지자 중 가장 큰 요한보다 크다고? 대체 '천국에서 극히 작은 자'가 무슨 의미이기에 그럴까?

이는 천국을 위해 개인적으로 내놓을 것이 가장 적은 자라는 의미다. 성경을 가장 모르는 자, 성령님의 은사가 가장 없는 자, 리더십 역량을 가장 잘 보여 주지 못한 자, 뭐 그런 사람 말이다.

지금 이 책을 읽고 있는 누군가는 자신이 속한 그룹에서 '천국에서 극히 작은 자'다. 나쁜 말을 하려는 것이 아니라 통계적으로 이는 사실일 수밖에 없다. 누군가는 가장 아래층에 있다.

아마 당신은 이렇게 말하고 있을지도 모른다. "이봐요! 내 얘긴가요?" 천국의 하나님께서 당신을 보시고 고개를 끄덕이며 이렇게 말씀하고 계실 수도 있다. "그래, 너란다. 넌 저 무리 중 가장 아래에 있구나." 이름 없는 누군가가 올해의 상으로 '2019년을 빛낸 최악의 기독교 인플루언서'상을 내게 보내 주었다면, 그래, 나일지도 모른다!

그러나 예수님은 그가 누구든지 이 구절에서 이렇게 말씀하시는 것이다. "너, 이 무리 중에 가장 아래에 있는 너, 네가 사역을 위해 지닌 가능성은 세례 요한보다도 크단다."

알겠는가? 잘나가던 세례 요한에게는 없었던 것이 당신과 나에게는 있다는 얘기다. 사실 하나가 아니다. 먼저, 우리는 복음의 풍성함을 알지만, 구약의 선지자였던 요한은 일부밖에 알 수 없었다.[43] 그다음, 우리는 성령의 풍성함을 알지만 요한과 다른 구약의 선지자들은 일부밖에 알지 못했다(요한에게도 어떤 의미에서 성령님이 있었지만, 당신과 나는 하나님의 양자와 양녀로 성령님을 영원히 받았다).

그리고 만약 이것이 사실이라면 사역에 대한 우리 생각은 바뀌어야 한다. 성령님께서 우리 안에 계시기에 사역의 역량은 더 이상 우리가 그분을 위해 무엇을 할 수 있느냐의 문제가 아니다. 그분이 우리를 통해서 하시는 것이다. 사역 안에서 발휘되는 것은 우리의 능력이 아니라 우리 안에 계시는 **성령님의 능력**이다.

성경은 하나님께서, 성령님께 즐거이 순종하는 단 하나의 그릇으로 사람이 그러모을 수 있는 모든 재능보다 더 많은 일을 하심을 우리에게 보여 준다.

못 믿겠는가? 이 말을 가장 먼저 한 사람은 내가 아니다.

우리 안에 계신 성령님이
우리 곁에 계신 예수님보다 낫다

성령님께서 신자 안에서 하시는 일에 대한 예수님의 약속은 너무나 특별해서 도저히 진지하게 받아들이지 않을 수가 없다. 예를 들어 예수님은 제자들에게 이렇게 약속하셨다.

"내가 진실로 진실로 너희에게 이르노니 나를 믿는 자는 내가 하는 일을 그도 할 것이요 또한 그보다 큰 일도 하리니 이는 내가 아버지께로 감이라"(요 14:12).

"저기, 죄송한데요…. 예수님보다 더 큰 일을 한다고요?" 당신은 죽은 자를 살리시고 물 위를 걸으시고 바다를 잠재우신 분보다 더 큰 일을 한 사람을 알고 있는가?

기적은 둘째 치고 산상수훈보다 더 위대한 설교를 한 사람이 있는가? 예수님께서 우물가의 여인을 상담하신 것보다 더 통찰력 있게 상담한 사람이 있는가? 요한복음 17장에서 하나님의 뜻에 대해 예수님께서 보이셨던 것보다 더 큰 통찰로 기도한 사람이 있던가?

우리 중 누가 한 어떤 일이 예수님께서 하셨던 것보다 '큰 일'로 여겨질 수 있단 말인가?

그런데도 예수님은 우리에게 당신보다 더 큰 일을 할 것이라고 약속하신다. 어떻게 그럴 수 있단 말인가?

이 일은 **질적으로** 더 큰 것이 아니라 **양적으로** 더 큰 일일 것이다. 예수님께서 죽은 자를 살리신 능력과 동일한 능력이 오늘날 모든 제자 안에서 역사하고 있다. 그리고 성령님께 순종하는 신자 전체의 영향력은 예수님께서 홀로 사역을 끌고 가실 때보다 더 크다.[44] 만약 당신이 예수님께서 담임 목사로 계신 교회와 성령 충만한 성도로 가득한 교회 사이에서 선택해야 한다면, 당신이 성령의 능력을 제대로 이해하고 있다면 언제나 후자를 택할 것이다.

예수님도 심지어 제자들에게 이렇게 말씀하셨다.

"그러나 내가 너희에게 실상을 말하노니 내가 떠나가는 것이 **너희에게 유익이라** 내가 떠나가지 아니하면 보혜사가 너희에게로 오시지 아니할 것이요 가면 내가 그를 너희에게로 보내리니"(요 16:7).

다시 생각해봐도 이 말이 당시 제자들에게 얼마나 어이없게 들렸겠는가? 예수님께서 떠나시고 하늘로 올라가시는 것이 그들에게 '유익'이라고?

지난 3년 동안 예수님과 동행하는 것은 어땠는가? 출근에 늦었다. 그러면 '짜잔!' 하고 예수님께서 홍해를 가르듯 자동차들을 가르시고 뻥 뚫린 고속도로를 달리게 해주신다. 점심을 깜빡하고 안 가져왔다. 그러면 예수님께서 소금 뿌린 크래커를 들고 식당에 나타나셔서, '짜잔!' 하고 거기 있는 직장 동료들을 위해 잔치를 베푸시고 열두 광주리나 남기신다. 당신의 강아지가 죽었다. '짜잔!' 하고 다시 죽음에서 살리신다. 고양이가 죽었다. … '짜잔!' 하고 삽을 쥐고 땅에 묻는 것을 도와주신다.

아, 물론 다시 말하지만, 아닐 수도 있다. 그렇지만 무언가 대단한 유익이 있는 건 확실하다. 그렇지 않은가? 그런데도 예수님은 자신이 이 땅에 육신으로 우리와 함께 남아 계신 것보다 우리 안에 거하시는 성령의 능력이 더 유익하다고 약속하신 것이다.

진지한 질문: 당신이 경험한 성령님은 이 어마어마한 약속에 부합하는가?

예수님의 말씀은, 만약 우리가 정말로 보통의 신자 안에 계시는 성령님의 능력과 역량을 이해한다면, 그리고 우리 **곁에** 계신 예수님과 우리 **안에** 계신 성령님 사이에서 택해야 한다면, 우리는 언제나 성령님을 택하리라는 것이었다.

이것이 하나님께서 당신의 사역을 위해 우리를 사용하겠다고 하셨을 때 주신 약속의 수준이다.

만약 이것이 사실이라면 당신 삶의 계획은 어떻게 바뀌어야 하겠는가?

가장 단순한 순종을 통해 이루시는 가장 위대한 일

하나님은 가장 탁월한 지도자들이 일생을 바쳐 해낼 수 있는 일보다 더 많은 일을 단순한 순종 한 번으로도 이루실 수 있다.

마지막 장에서 보겠지만, 하나님은 한 명의 평범한 성도였던 스데반을 통해 사도행전 7장까지 모든 사도가 해냈던 것보다 더 큰 세계 복음화를 이루셨다.

대학 시절 나는 작은 캠퍼스 사역의 리더였다. 작다는 것은 전체 모임이 열 명도 채 되지 않았다는 뜻이다. 우리는 캠퍼스에서 큰 전도 집회를 열자고 의기투합했다. 캠퍼스에서 가장 큰 강당을 빌렸고 일반적인 홍보란 홍보는 다 했다. 지역 워십 밴드를 섭외하고 공짜 핫도그를 약속하는 전단을 돌리면서 말이다.

엄청나게 크고 부끄러운 실패가 예정된 전날이면 어김없이 그랬듯이, 집회 바로 전날 내 속은 더부룩하기 짝이 없었다(나는 큰일을 앞둔 느낌이 어떤지 알 만큼 실패를 많이 했다. 큰비가 오기 전 내 할아버지가 그러셨던 것처럼 뼛속까지 아픈 느낌이었다). 우리 리더들은 학교 카페테리아에 앉아 집회 세부 사항을 마지막으로 점검하고 있었다. 나는 왼쪽 어깨 뒤에서 작은 소동이 일어나는 소리를 들었을 때 최악의 상황을 감지하고 우리 팀을 감싸 안았다. 내가 돌아보았을 때 거기에는 우리 리더팀 중 한 여학생이 탁자 위에 올라가 있었다. 작고 조용하고 부끄러움 많은 친구였다. 그러나 그녀는 거기 서서 발을 구르며 식당에 있는 400여 명의 주의를 끌고 있었다. 맞다. 당신이 상상하는 그대로 어색했다.

"점심 식사를 방해해서 미안한데요." 그녀가 말하기 시작했다. "그래도 내일 밤 학교 강당에서 열릴 집회에 여러분 모두를 초대하고 싶어요. 우리 친구 중 한 명이 어떻게 예수님을 알게 되었고 어떻게 자기 삶이 바뀌었는지도 나눌 거예요. 여러분 모두를 거기서 보게 되길 바라요. 왜냐하면 예수님은 우리 인생에서 가장 중요한 분이시니까요. 꼭 오세요." 그러고 나서 그녀는 다시 자리에 앉았다.

"아 참, 공짜 핫도그도 있을 거예요." 그녀는 덧붙였다.

우리 모두 그녀를 뚫어지게 쳐다보았다.

그녀는 다시 조용히 식사하기 시작했다.

"방금 뭐한 거야?" 그녀의 유리잔을 쳐다보면서 내가 물었다. 혹시 그녀가 마시던 다이어트 콜라에 누가 뭔가 신기한 것을 섞었을지도 모른다고 생각하면서 말이다.

"나도 잘 모르겠어." 그녀가 말했다. "그냥 성령님께서 내가 그렇게 하기를 원하신다고 느꼈어." 성령님께 순종하는 것이 공공 식사 장소에서 탁자 위에 올라가는 것을 의미한다고 말하고 싶은 것이 아니다. 일반적으로 나는 그렇게 하지 말라고 조언한다. 그러나 내가 말할 수 있는 것은 이튿날 밤 700명이 넘는 사람이 나타났고, 51명이나 되는 사람이 처음으로 신앙을 고백했다는 사실이다.

하나님은 자칫 중요해 보이지 않는 사람들의 아주 작은 순종을 통해 당신의 가장 큰 일을 행하신다.

불과 지난주에 나는 우리 교회에서 데릭이라는 사람을 통해 하나님께서 일하시는 것을 보았다. 데릭은 우리 교회의 교도소 사역을 통해 구원받았다. 출소 후 그는 그 사역의 리더팀에 참여했고, 자신이 갇혔던 바로 그 교도소로 돌아가 사역했다. 아직 운전면허를 취득하지 못했기 때문에 그는 매주 승차 공유 서비스업체의 자동차를 타고 교회로 왔다.

교회로 오면서 그는 운전사에게 간증을 나누었다. 운전사는 자신이 무슬림으로 컸으나 최근 예수가 나타나 자기에게 말을 하는 것 같은 꿈을 꾸었노라고 말해주었다. 교회 주차장에 도착했을 때 데릭은 이렇게 말했다. "보세요. 제 생각에 저랑 같이 교회로 들어가셔야 할 거 같아요." 그는 그렇게 했고, 그날 밤 내가 초청하자 그리스도 안에서 신앙을 고백하고 세례를 받았다.

성령님의 은사로 말미암기에, 당신이 가져와야 할 것은 당신의 능력이 아니라 기꺼이 주님께 나아오고자 하는 마음이다. 하나님은 이미 무장한 자를 부르시지 않는다. 그분은 부르신 이를 무장시키신다.

당신이 특별한 일을 할 수 있게 되는 것은 특별한 은사가 아니라 기꺼이 하고자 하는 당신의 특별한 마음 때문이다. 하나님은 그것을 사용하신다.

D. L. 무디(D. L. Moody)는 늘 이런 말을 했다.

"세상은 아직도 완전히 헌신한 사람을 통해 하나님께서 하실 수 있는 일을 보아야 한다."

당신이 그 사람이 되어야 하지 않겠는가?

성경학자들은 '사도행전'의 이름이 잘못 지어진 것 같다고 오랫동안 지적해왔다(2세기 후반 이 책을 처음 '사도들의 행전'이라고 부른 사람은 이레나이우스였다). 다른 이름으로 부를 수 있다면 아마 '성령행전'이라 해야 했을 것이다. 왜냐하면 이 책은 몇몇 슈퍼 그리스도인의 영웅적인 업적을 기록한 것이 아니기 때문이다. 오히려 신실하게 순종하는 수많은 평범한 그리스도인을 통해 일하시는 성령님의 역사를 기록한 것이다.

만약 예수님께서 그들에게 약속하셨던 '위대한 일'을 우리도 경험하고 싶다면, 그들이 성령님의 음성을 들었던 것처럼 우리도 그래야 한다.

성령님께서 말씀하시는가?

그러면 아마 이렇게 질문할 것이다. "성령님께서 나를 어디로 인도하시는지 어떻게 알 수 있죠?"

정말 좋은 질문이다. 짧게 대답한다면, 그분은

1) 그의 말씀을 통해
2) 당신의 마음속에 불어넣으시는 사역을 향한 열정을 통해
3) 드러난 은사들을 통해
4) 열린 문을 통해
5) 하나님께서 당신의 삶에 행하시는 일을 볼 수 있는 이들의 조언을 통해

그분의 인도를 경험하게 하신다. 각 분야를 더 깊이 살펴보는 것

은 이 책의 범위를 벗어난 것이다. 그렇지만 관심이 있다면 이들 질문에 관해 더 깊이 알아보는 데 도움 되는 좋은 연구 자료들을 얼마든지 찾아볼 수 있다.[45]

지금 당신이 알았으면 하는 것은, 만약 당신이 그리스도인이라면 성령님은 하나님의 나라를 위해 당신을 특별하게 사용하길 원하신다는 사실이다.

성령님의 인도를 경험하는 것은 과거로 회귀하는 것이 아니다. 초대 교회는 성령님의 인도에 완전히 의지했다. 그들은 그 인도를 갈구했다. 성령님은 사도행전에 59번 등장하는데, 그중 36번은 말씀하시며, 그분의 이름으로 놀랍게 성도들을 인도하신다.

사도행전이 독특한 사도 시대의 역사를 말해준다는 사실은 나도 알고 있다. 그렇지만 교회가 사역하는 모습을 보여 주는 유일한 내러티브인 이 책의 이야기가 우리의 경험과 전혀 공통점이 없다고 말한다면 나는 동의할 수 없다. 초대 교회는 그 인도하심을 갈망했다. 우리도 그래야 하지 않을까?

존 뉴턴(John Newton, 찬송가 "나 같은 죄인 살리신"의 작사가이자 청교도)은 이렇게 말했다. "초대 교회가 그렇게나 의지하려 했던 것, 바로 성령님의 인도하심이 오늘날 우리와 전혀 상관없을 수 있을까?"[46]

선교의 미래는 우리가 얼마나 기꺼이 성령님과 연합하며 그분의 인도하심을 듣느냐에 달려 있다.

당신의 삶이 영원을 위해 의미 있기를 원하는가? 이는 성령님의 인도하심에 순종하고 그분의 목소리를 듣는 데서 시작한다.

하늘로부터 오는 어떤 것

성령님의 인도하심이 없다면 우리는 자신이 어떤 사역에 포함되었는지 알 수 없을 것이다. 우리 임무의 거대함은 우리를 압도해 무너뜨리기에 충분하다. 너무나 많은 필요를 생각해보면 대체 우리가 어떤 변화를 가져올 수 있단 말인가?

수십억 명의 사람이 복음을 거의 알지 못하거나 들어 본 적이 없다는 것을 생각하거나 25억 명이나 되는 사람이 깨끗한 물을 꾸준히 얻을 수 없는 상황에 산다는 사실을 생각할 때면 나는 몸이 굳어 버리는 것 같다.

나는 정말 유의미한 영향력을 끼칠 수 있는 걸까?

좋은 소식은, 하나님은 우리 중 그 누구에게도 당신의 사명 전체를 감당하도록 하지 않으셨다는 것이다. 예수님은 이 책임을 직접 지셨다. 그분은 이렇게 말씀하셨다.

"내 교회를 세우리니 음부의 권세가 이기지 못하리라"(마 16:18).

예수님이 교회 세우는 일의 책임자이시며 사역의 소유주이시다.

하나님은 다윗 왕에게 이렇게 말씀하셨다.

"너희는 가만히 있어 내가 하나님 됨을 알지어다 내가 뭇 나라 중에서 높임을 받으리라"(시 46:10).

구원은 하나님께 속했다. 우리 책임은 단지 하나님께서 원하시는 곳으로 우리를 인도하시고 사용하실 수 있도록 우리 자신을 드리는 것밖에 없다.

최근에 나는 선교 사역을 위해 사람들을 가장 잘 동원하는 교단이 오순절 교단이라는 것을 알게 되었다. 솔직히 좀 놀랐다. 왜냐하면 나는 침례교도이며, 사실 우리 침례교도들은 '선교라면 우리'라고 생각하기 때문이다. 우리는 커다란 선교 이사회도 있고, 유명한 선교사들의 이름이 붙은 헌금도 매해 징수하며, 윌리엄 캐리(William Carey), 애도니럼 저드슨(Adoniram Judson), 로티 문(Lottie Moon), 에이미 카마이클(Amy Carmichael), 빌리 그레이엄 같은 위대한 선교사들을 자랑해오고 있기 때문이다.

그런데도 오순절 교단은 그들의 인원에 비해서 사람들을 동원하고 무장시켜 내보내는 일을 더 잘하고 있다. 왜일까? 게리 타이라(Gary Tyra)는 오순절 교단이 성령님의 능력을 강조하는 한편, 침례교 교단은 세상의 필요에 초점을 맞추기 때문이라고 말한다.[47] 세상의 필요는 우리를 압도하지만, 성령님의 은사는 전의가 불타오르게 한다. 나는 세상을 구원할 수는 없지만 내 삶을 향한 성령님의 인도하심에 순종할 수는 있다. 보아하니 은사 중심이 죄책감 중심보다 더 능력 있는 것 같다!

래리 오스본(Larry Osborne) 목사는 내 멘토이자 조언자로서 몇 년 전 나를 자유롭게 하는 말을 해주셨다. "하늘로부터 오는 것이라고 해서 다 자네 이름이 적혀 있진 않을 걸세. 하지만 어떤 것에는 적혀 있지. 그게 뭔지 찾아내고 그것을 따라가게."

당신의 이름이 적힌 것을 찾아냈는가? 그것을 찾아낼 때 당신은 성령님의 풍성한 능력을 경험하기 시작할 것이다.

하지만 만약 당신이 영원한 영향력을 끼치기 위해 마음껏 성령님을 따르고자 한다면 믿어야 할 또 다른 것이 있다. 그것은 '추수의 법칙'이라고 불린다. 이는 그리스도인의 삶에서 가장 중요한 원리 중 하나다.

"나는 내 손에 많은 것을 쥐고 있었다. 그런데 이제 모두 잃었다.
그러나 내가 하나님의 손에 맡긴 것은 여전히 가지고 있다."

– 마르틴 루터(Martin Luther)

5장

추수의 법칙

1930년대 후반 오클라호마에 살던 농부들은 힘겨운 결정을 앞두고 있었다.

1920년대는 계속 비가 풍부하게 내려 수확이 풍성했다. 많은 도시 일꾼이 새로운 부의 기회를 찾아 북서부의 공장 일을 그만두고 중서부 지역으로 떠나왔다. 1929년 주식 시장이 붕괴한 것도 동기부여에 한몫했다. 하지만 1931년, 비가 그쳤다. 설상가상으로 낙후한 경작 기술로 인해 가물 때 물을 머금었던 초지마저 망가졌다. 마른땅은 거대한 먼지바람을 일으켰고 남아 있던 들판마저 망가뜨렸다. 마른 잿빛 먼지구름이 재산을 다 쓸어가 버렸다. 1939년 가을까지 수천 명의 농부가 빈털터리가 되어 동부로 돌아갔다.

남은 이들 중 다수는 다음 해에 자신과 가족이 먹을 곡식밖에 없었다. 그들은 그 곡식을 팔아서 집으로 돌아가거나, 아니면 다시 심거나 선택할 수 있었다. 만약 비가 온다면 그 씨들은 수백 배의 수확을 얻게 해줄 것이다. 그러나 그렇지 않다면 그들은 빈털터리가 될 것이다.

많은 이가 심었다. 비가 오리라는 믿음과 소망으로.

그리고 1939년 가을, 비가 왔다.[48]

교회의 죽음으로부터 세상의 생명이 온다

추수의 법칙은 심은 것만 거둘 수 있다는 것이다. 심는 데는 위험이 뒤따른다. 비가 오지 않으면 남는 것은 없다. 그러나 만약 이 위험을 감수하지 않는다면 결코 추수할 수 없다.

예수님은 세상에 복음을 전하는 데 반드시 필요한 사고방식을 제자들에게 설명하시려고 이 추수의 법칙을 언급하셨다. 이방인 한 무리가 예수님과 대화하기 위해 그분을 찾아왔다(요 12:21). 그들은 나사렛에서 온 구세주가 행한 이적과 은혜의 설교에 관한 이야기를 들었다. 그래서 그분을 직접 보고 싶었던 것이다.

이 장면이 요한복음뿐 아니라 성경 전체에서 중요한 전환점이 된다는 사실에 유의하라. 하나님께서 언젠가 메시아의 축복에 초대하겠다고 약속하셨던 이방인들이 예수님을 찾아온 것이다. 예수님은 (비록 당신의 제자들은 아직 제대로 이해하지 못했지만) 이 일이 하나님의 계획임을 아셨다. 하나님의 구속 사역이 시작될 때부터 계획된 일이었다. 이제 그들이 그분 앞에 있다.

중대한 순간이다.

그래서 이 순간에 예수님께서 제자들에게 하신 말씀은 더 의미심장하다. 예수님은 이방인 세대가 그분을 알게 되는 것이 제자들 자신에게는 어떤 의미인지를 알려 주신다.

> "예수께서 대답하여 이르시되 인자가 영광을 얻을 때가 왔도다 내가 진실로 진실로 너희에게 이르노니 한 알의 밀이 땅에 떨어져 죽지 아니하면 한 알 그대로 있고 죽으면 많은 열매를 맺느니라 자기의 생명을 사랑하는 자는 잃어버릴 것이요 이 세상에서 자기의 생명을 미워하는 자는 영생하도록 보전하리라"(요 12:23-25).

예수님께서 사용하신 씨앗 비유는 처음엔 다소 당황스러울 수 있다. 왜냐하면 씨앗이 땅에 심기는 것을 생각할 때 일반적으로 그것이 죽는다고 여기지는 않기 때문이다. 보통은 이제 막 살아나기 시작한 것으로 생각한다.

하지만 어떤 의미로는 죽는 것이다. 씨앗으로서의 생명은 끝나니까 말이다. 겉껍질이 깨지고 더 이상 우리가 먹을 수 없게 된다.

하지만 그 씨앗의 죽음에서 새로운 생명이 시작된다. 게다가 그 생명은 단 하나가 아니라 여러 세대에 걸쳐 배가되는 생명이다. 씨앗 하나가 원래 가진 것의 열 배, 백 배, 심지어 천 배나 더 창출해 낸다. 환경만 갖추어진다면 이 작업은 영원히 반복될 수 있다.

교회도 동일하다. 세상의 생명은 오직 교회의 죽음을 통해서만 탄생한다. 당신이 매달리던 것은 잃을 것이다. 그러나 당신이 포기한 것은 영원히 간직하게 될 것이다.

부활 이전에 죽음이 있다

생명 전에 죽음이 있다는 원리는 성경 전체를 관통한다. 하나님은 당신을 따르는 자들에게 신적 생명을 불어넣으시기 전에 그들이 가장 중요하게 생각하는 것들에 대해 '죽기'를 요구하신다. 하나님은 아브라함이 자신의 독생자 이삭을 제물로 제단에 기꺼이 바치는 모습을 보신 **후에야** 비로소 아브라함의 후손을 배가시키셨다.[49] 사르밧 과부의 기름과 밀가루는 그가 마지막 남은 것을 하나님의 선지자 엘리야의 음식을 만들기 위해 내어놓은 **후에야** 비로소 배가 되었다(왕상 17:7-24). 예수님은 어린아이가 떡 다섯 개와 물고기 두 마리를 그분의 손에 내려놓은 **후에야** 비로소 그것을 배가시키셨다(요 6:1-15). 하나님은 모세가 항복하며 지팡이를 내려놓은 **후에야** 비로소 그 지팡이를 통해 커다란 능력을 행하게 하셨다(출 4:3-4).

하나님께서 그분의 나라를 위한 능력을 부어 주시기 위해서는 그것이 무엇이든 당신에게 가장 중요한 것을 제물로 내어놓아야 한다. 심은 것만이 추수될 수 있다.

나는 이 진리를 대학 초반에 읽은 키스 그린의 전기를 통해 배울 수 있었다. 그는 1982년 비행기 사고로 불의의 죽음을 맞이한 히피 출신의 가스펠 싱어송라이터였다. 많은 사람이 키스를 당대의 가장 능력 있는 그리스도인 싱어송라이터로 여긴다. 그는 1970년대에 진행된 '예수 운동'을 통해 구원받았다. 그의 음악은 많은 이를 그리스도의 신앙으로 이끌었고 셀 수 없이 많은 사람에게 영감을 주어 그들을 선교지로 나가게 했다.[50]

키스는 자신의 사역을 크게 두 시대로 나누어 생각했다. 그는 언제나 재능 가득한 음악가였고, 신앙을 가지게 된 초기에 '도움이 되는' 수많은 기독교 노래를 썼다. 하지만 하나님께서 그가 음악을 지나치게 중요하게 여기고 있으며 음악을 내려놓기를 원하신다고 느끼게 된 시점이 있었다. 그는 음악을 그만두었고 다시는 대중 앞에서 공연할 수 없으리라 생각했다.

그러나 1년이 지나고 성령님은 그가 다시 음악을 시작하도록 인도하셨다. 이제 그의 음악은 하나님께 전적으로 속했다. 그는 죽기까지 음악을 내려놓았고 하나님은 그 음악에 다시 생명을 불어넣으셨다. 그가 하는 음악은 예전과 질적인 차이를 보였다. 그것은 비범한 능력을 받아 만든 음악이었다. 그의 다음 앨범은 그가 이전에는 한 번도 도달하지 못했던 CCM 차트 상위권으로 치솟았다. 그의 음악은 나를 포함한 셀 수 없이 많은 사람에게 영향을 주었고 그들이 이 땅에서 이루어지는 하나님의 사역을 위해 생명을 던지도록 했다.

하나님은 당신이 먼저 죽을 때 다시 생명을 주신다.

그러므로 당신에게 '가장 소중한 것'은 무엇인가? 재능? 꿈? 직업? 은퇴 계획?

그것을 내려놓아야 한다. 주님으로부터 오는 능력을 얻고자 한다면 말이다.

나는 여러 해 전에 이 사실을 깨달았고, 내 경우 그 소중한 것은 내 교회였다.

주의 나라가 임하시오며… (나의 나라가 임하시오며?)

나도 여느 젊은 목회자들과 동일한 야망을 품고 사역에 뛰어들었다. 정말로 사람들에게 가서 예수님을 전하고 싶었다. 하지만 그

뿐 아니라 내 이름을 널리 알리는 데도 꽤 관심이 있었다. 나는 큰 교회를 원했고 하나님도 그러시리라 확신했다. 하나님과 나 모두에게 윈-윈 아닌가?

하지만 앞서 살펴보았듯이 하나님은 우리가 자기 것이라고 여기는 것을 축복하지 않으신다. 그것이 아무리 좋은 것이어도 말이다. 어느 금요일 오후, 기도를 위해 떼어 놓은 시간 중에 하나님은 내게 교회가 내 것인지, 당신 것인지 물어 오셨다. 당시 나는 우리 도시에 커다란 부흥이 오도록 기도하고 있었다. 수천 명이 구원받고 도시의 역사를 다시 쓰는 부흥 말이다. 역사책에 나올 법한 그런 부흥. 꽤 괜찮은 기도 제목 같아 보였다. 하지만 내가 기도할 때 성령 하나님께서 내 마음에 얹어 주신 마음은 내게서 할 말을 앗아가 버렸다. "그래서 내가 만약 이 기도에 응답한다면, 네가 구하고 상상한 것보다 더 큰 부흥을 롤리-더럼(Raleigh-Durham)시에 보내 주고 향후 수 세기 동안 도시의 모습을 바꿀 부흥을 허락한다면, **다른 교회를 통해 이 일을 일으키기로 정해도 괜찮겠느냐?** 그 교회가 성장하며 그 목사가 유명해지고, 네 교회는 여전하며 너도 유명해지지 않는다면 어떻겠느냐? 그리고 만약 어느 날 누군가 이 부흥의 역사를 기록하면서 너나 네 교회를 전혀 언급하지 않는다면 어떻겠느냐?"

나는 맞는 답을 알고 있었다. 이렇게 말해야 했다. "그럼요, 주님! 당신은 흥하여야 하고 저는 쇠하여야지요!" 옳은 답은 이것이었지만 진짜 내 마음의 답은 아니었다. 나는 하나님의 나라만 커지기를 원하지 않았다. 나는 내 나라도 커지길 바랐다. 살아오면서 "주의 나라가 임하시오며"라는 기도가 어느 시점에 "나의 나라가 임하게 하시며"로 바뀌었음을 깨달았다.

하나님은 내가 사역을 여전히 내 소유로 여기고 있음을 보여 주셨고 나는 그것을 죽기까지 내려놓아야 했다. 그분의 은혜로 나는 그렇게 했다. 여전히 성공과 명성에 대한 온갖 죄악 된 욕망을 완전히 벗어 버렸다고 말할 수 없을지 모른다. 그러나 그날 오후는 내 사역이 내 나라가 아닌, 하나님 나라가 세워지는 데 소용되도록 마음의 눈을 돌리는 터닝 포인트가 되었다.

이 터닝 포인트는 실질적으로 우리 교회가 가진 자원, 즉 돈과 상당수의 리더를 하나님의 선교 사역을 위해 돌리는 것을 의미했다. 우리 교회는 자주 이렇게 말한다. "우리는 우리가 가진 최고를 내보낸다!"

이것은 어렵다. 왜냐하면, 혹시나 모를까 봐 덧붙이는 말인데, 교회 개척팀의 부르심에 응답해서 나가고자 하는 사람들은 일반적으로 '곁에서 맴도는' 사람들이 아니기 때문이다. 그들은 교회 사역에 깊이 관여하고, 넉넉히 헌금하며, 많은 경우 리더로 섬기는 이들이다. 당신 교회의 리더 중 최고의 리더들을 내보내는 일은 대부분 예산과 출석 인원에 정면으로 충돌하는 일이다.

몇 해 전, 교회 개척에 참여할 지원자 중 네 명과 탁자에 둘러앉아 그들이 개척을 위해 우리 교회에서 모집하고자 하는 사람들의 명단을 듣고 있었다(매년 우리는 교회 스태프들을 격려하여 잠재적인 교회 개척자가 되게 한다. 그들에게 9개월 동안 월급을 제공하면서 딱 한 가지 임무를 준다. 바로 가능한 한 많은 사람을 모집해서 함께 데리고 나가는 것이다). 네 사람이 헌신자 명단을 나와 공유하는 가운데 나는 친구들, 장로들, 찬양 인도자들, 주요 봉사자들, 큰 헌금을 하는 이들의 이름을 들을 수 있었다(누가 얼마나 내는지 내가 다 알고 있다는 것은 아니지만, 많이 내는 사람들 말이다).

배가 아프기 시작했다. '대체 우리 뭐 하는 거지? 제대로 생각한 게 맞나? 대체 이 사람들 없이 어떻게 살아남자는 거야?'

그때 성령 하나님께서 다시 나를 쿡쿡 찌르셨다.

"이 교회는 **누구 것**이지?"

이번엔 제대로 된 답을 알고 있었다. 탁자 아래로 손을 펴 하나님 앞에 열어 보였다. 그리고 조용히 기도했다. "하나님, 당신의 교회입니다. 제 것이 아닙니다. 만약 이 도시를 위해 우리를 키우고자 하신다면 그렇게 하십시오. 하지만 만약 당신이 원하시는 것이 우리 중 최고의 인재들과 자원들을 뽑아 다른 곳에서 교회를 시작하는 것이라면 그 또한 좋습니다. 당신의 교회이니 원하시는 대로 하십시오."

우리는 불과 몇 주 전에 1,200번째 회원을 교회 개척팀으로 내보냈다. 한 사람 한 사람 모두가 보내고 싶지 않은 사람이었다. 우리 교회 내에 공동체성을 세워 가는 것이 때로 퍼레이드를 통째로 껴안으려는 시도처럼 느껴질 때가 있다! 그러나 지금까지 그 교인들은 전 세계에 300개가 넘는 교회를 개척했다. 그리고 우리 조사에 의하면 우리가 보낸 사람 한 명당 서른 명이 새롭게 교회를 찾았다. 우리가 보낸 친구들 가운데 몇 명을 다시 보려면 영원히 기다려야 할지도 모른다. 하지만 그날이 오면, 그럴 만한 가치가 있는 일이었다고 말하리라 확신한다.

무슨 말인지 이제 알 것이다. 하나님의 나라를 위한 가장 좋은 선택이 우리 개인에게도 (단거리 경주로서는) 언제나 최고의 선택인 것은 아니다. 때로 당신은 어떤 것을 더 우선순위로 둘지 선택해야 한다.

그러나 이 세상에 생명이 심기려면 당신에게 속한 것이 죽어야 한다. 복음의 씨앗이 세상 가운데 배가되려면 씨앗이 뿌려져야 한다. 당신이 버린 것만 되찾을 수 있다.

당신에게 하는 질문은 이것이다. **당신 손에 하나님께서 두신 귀중한 씨앗은 무엇인가?** 그것을 하나님의 손에 내어놓았는가?

디트리히 본회퍼(Dietrich Bonhoeffer)가 말한 유명한 말처럼, 우리의 삶에서 그리스도의 부르심은 "와서 빛나라!"라거나 심지어 "와서 자라거라!"도 아니다. 오히려 "와서 죽으라!"이다. 이것이 추수의 방식이다.

당신에게 으뜸인 것, 최고인 것, 그것을 반드시 예수님의 발 앞에 내려놓아야만 비로소 세상에 생명을 심을 수 있다.

만약 그렇게 하지 않는다면 과연 우리는 스스로를 예수님을 따르는 자들이라고 말할 수 있을까?

악한 자의 길은 한 가지가 아니다

제자도의 척도는 교회에 얼마나 자주 나오느냐, 얼마나 십계명을 잘 지키느냐가 아니다. 예수님에 의하면, 제자도의 최고 척도는 우리 생명을 하나님 나라를 위해 얼마나 씨앗처럼 드렸느냐다. 그렇게 하지 않는 것은 예수님께서 **악하다**고 말씀하신다. 설령 당신이 기독교인으로서 모든 일을 올바르게 행했더라도 말이다.

이것이 바로 그 유명한 예수님의 달란트 비유의 요점이다. 부유한 주인이 먼 길을 떠나기 전에 하인들이 투자할 수 있도록 각각 다른 양의 돈을 남겼다. 한 명에게는 '달란트' 다섯 개, 다른 한 명에게는 두 개, 또 다른 한 명에게는 한 개.[51]

1달란트는 평균 하루 품삯의 20년 치나 되는 엄청난 액수의 돈이다. 그러므로 이 액수를 각각 100억 원, 50억 원, 10억 원 정도로 환산해볼 수 있다.

"다섯 달란트 받은 자는 바로 가서 그것으로 장사하여 또 다섯 달란트를 남기고 두 달란트 받은 자도 그같이 하여 또 두 달란트를 남겼

으되 한 달란트 받은 자는 가서 땅을 파고 그 주인의 돈을 감추어 두었더니"(마 25:16-18).

100억을 받은 하인은 이를 200억으로 만들었다. 50억을 받은 하인은 100억을 만들었다. 전혀 나쁘지 않은 결과다. 당연히 주인은 돌아와서 그들이 가진 자원을 지혜롭게 투자한 것을 칭찬했다. 그렇지만 10억을 받은 하인에게 예수님은 다른 말씀을 하신다.

"그 주인이 대답하여 이르되 악하고 게으른 종아 나는 심지 않은 데서 거두고 헤치지 않은 데서 모으는 줄로 네가 알았느냐 그러면 네가 마땅히 내 돈을 취리하는 자들에게나 맡겼다가 내가 돌아와서 내 원금과 이자를 받게 하였을 것이니라 하고 그에게서 그 한 달란트를 빼앗아 열 달란트 가진 자에게 주라 무릇 있는 자는 받아 풍족하게 되고 없는 자는 그 있는 것까지 빼앗기리라 이 무익한 종을 바깥 어두운 데로 내쫓으라 거기서 슬피 울며 이를 갈리라 하니라"(마 25:26-30).

"악하다고?"

열매 맺지 못했다, 효율적이지 못했다, 신실하지 못했다…, 이런 것들이라면 이해가 된다. 그런데 **악하다고?**

그가 행한 것 중에 대체 무엇이 악했다는 것일까? 그는 주인의 돈을 훔친 것도 아니고 창녀, 호화로운 파티, 도박, 사치 등으로 돈을 날려 버린 것도 아니었다. 사실 그는 주인에게서 받은 것을 '한 푼도 **빼놓지 않고**' 돌려주었다.

그런데도 예수님은 이 하인을 '악하다'고 하신다. 여기서 악하다는 것은 명백하게 단순히 우리가 행하는 것 이상을 의미한다. 우리가 행하지 못한 것에도 해당된다는 말이다.

우리 대부분은 악함을 아주 지독한 죄의 의미로만 생각한다. 물론 우리는 그런 의미로도 악할 수 있다. 그러나 예수님의 말씀에 따르면, 하나님 나라를 위해 우리 생명의 마지막 남은 가능성까지 온전히 던지지 못하는 것도 하나님의 눈에 그 지독한 죄와 동일하게 악한 것이다.

잠깐 숙고해보라.

혹시 예수님은 매주 신실하게 주일 예배에 앉아 모든 '율례'를 지키면서도, 삶을 그분의 나라를 위해 내어놓지 못하고 있는 우리 대다수에게 **악하다**고 하시지 않을까?

어째서 두려워하는가?

예수님은 이 하인이 주인의 나라를 위해 투자하는 데 실패한 원인이 궁극적으로 가슴 깊이 주인을 무시하는 태도에서 비롯되었음을 우리에게 보여 주셨다. 주인이 책임을 묻자 하인은 이렇게 답한다. "주인이여 당신은 굳은 사람이라 심지 않은 데서 거두고 헤치지 않은 데서 모으는 줄 내가 알았으므로 두려워하여 나가서 당신의 달란트를 땅에 감추어 두었었나이다 보소서 당신의 것을 가지셨나이다"(마 25:24-25). 위험을 무릅쓰려고 하지 않았던 것이 그가 가진 신념이었다.

대다수의 사람이 하나님 나라를 위해 자기 인생을 포기하지 못하고, 자기 씨앗을 밭에 뿌리지 못하는 이유를 아는가?

인색함이 아니라 두려움이다.

이 하인처럼 그들은 하나님께서 우리가 그분 손에 내려놓은 것에 얼마나 신실하신지 모른다. 하나님의 비는 반드시 내린다.

이는 다시 우리를 요한복음 12장으로 이끈다.

예수님께서 땅에 뿌려져 죽는 밀알 한 톨을 말씀하실 때, 그분은 우리 사역을 설명하신 것만이 아니었다. 자기 자신의 사역을 **설명**하신 것이었다. 예수님께서 가장 먼저 '떨어져 죽은' 첫 씨앗이 되셨다. 우리 죄로 인한 형벌을 우리를 대신해 받으심을 통해서 말이다. 그리고 하나님은 신실하게 부활의 비로 응답하셨다.

아버지께서 예수님께 신실하셨던 것처럼 당신에게도 신실하실 것을 확신해도 좋다.

우리는 우리 힘만으로는 하나님 나라를 위해 위험을 무릅쓸 충분한 힘을 끌어모을 수 없을 것이다. 그러나 십자가에서 일어난 일을 조금만 더 묵상한다면 하나님 안에서 추수에 대한 확신을 가질 수 있을 것이다. 십자가와 부활은 우리 믿음의 씨앗에 대한 답으로, '능력'의 비를 보내시는 하나님의 신실하심을 보여 주신 것이다.

바울은 위대한 '부활장'인 고린도전서 15장의 끝에서 이렇게 말한다.

"그러므로 내 사랑하는 형제들아 견실하며 흔들리지 말고 항상 주의 일에 더욱 힘쓰는 자들이 되라 이는 너희 수고가 주 안에서 헛되지 않은 줄 앎이라"(고전 15:58).

죽음은 부활의 필수 조건이다. 부활은 죽음의 순종에 주시는 하나님의 약속이다.

당신의 생명을 포기해 내려놓으라. 그러면 능력 가운데 얻을 것이다.

당신이 보존할 수 없는 것을 포기하라. 그러면 잃을 수 없는 것을 얻을 것이다.

그러나 이렇게 하는 것은 당신에게 또 하나의 매우 중요한 질문이 생각나게 할 것이다.

"그에게 필요한 것은 아무것도 아닌 자가 되는 것이었다.
그것이 그가 가지지 못한 단 하나였다."

– 샐리 로이드 존스(Sally Lloyd-Jones)

6장

당신에게 없는 한 가지

내 중고등부 목사님은 우리 인생을 '백지 수표'로 하나님께 올려드리라고 도전하셨다.

누군가에게 백지 수표를 줄 때 당신은 그 아래에 서명하고 어떤 액수든지 상대방이 나중에 기재할 액수를 사전에 승인한다. 상대방에게 필요한 액수가 얼마인지 알 수 없어서 이런 수표를 주는 것이다. 그래야 나중에 필요한 액수를 알게 되었을 때 그만큼 현금화할 수 있으니 말이다.

내게 이것은 언제나 불안한 경험이었다. 상대방을 아무리 잘 알더라도 그랬다. '만약 처남이 내 계좌에 있는 돈을 다 뽑아서 이 나라를 떠나 버리면 어쩌나?' 내가 아무리 그를 잘 알아도 말이다.

그런데 이는 궁극적으로 예수님께서 우리에게 요구하시는 것이다. 우리 인생을 그분께 백지 수표로 드리라는 것이다. 말하자면 예수님께서 질문하시기도 전에 탁자 위에 "예"라는 카드를 올려놓는 것과 같다.

하지만 우리 중 대다수는 하나님께 '기프트 카드'를 드리고 싶어 한다. 기프트 카드를 사용하면 자신이 어떤 상황인지 정확히 알 수 있기 때문이다. 다 쓰고 나도 더 이상 걱정할 필요가 없다. 만약 친구가 25달러짜리 생일 기프트 카드로 84인치 초고화질 TV를 사서 1,975달러를 더 내야 한다고 하더라도 그건 그녀의 문제지 내 문제가 아니다. 기프트 카드는 제한을 걸어 당신의 관대함을 제어할 수 있게 만든다.

그러나 하나님은 기프트 카드를 받지 않으신다. 그분은 오직 백지 수표만 받으신다.

안타깝게도 최근 몇 년간 내가 이 예화를 나눌 때마다 갈수록 더 많은 사람이 도저히 알 수 없다는 듯한 표정으로 날 쳐다보았다. "수표가 뭐예요?" 한 대학생이 내게 알려 주었다. "제 생각에 역사 시간에 배웠던 것 같아요, '수표'라고…. 선이 달린 전화기가 벽에 걸려 있고 마차가 다니던 뭐 그런 시대예요. 그런데 실제로 본 적은 없네요."

그러니 예화를 업데이트해야겠다. 내 핸드폰에는 '벤모'(Venmo)라는 앱이 깔려 있다. 내 계좌에서 상대방 계좌로 간편하게 돈을 이체하게 해주는 앱이다. 나는 내 계좌에서 얼마를 출금해야 할지 정확히 결정할 수 있다. 결정은 내가 한다. 이는 내 은행 계좌와 비밀번호를 다른 사람에게 알려 주는 것과는 다른 문제다. 만약 그렇게 한다면 결정은 그들에게 달려 있다.

하나님께서 요구하시는 관계는 '벤모' 관계가 아니다. 하나님은 완전히 무제한인 접속 권한을 요구하신다.

예수님께서 받아들이시는 조건은 오직 절대적인 항복뿐이다. 그분이 원하시는 건 우리의 '기프트 카드', 즉 교회 출석, 도덕적 순전함, 관대한 십일조, 또는 선교 활동이 아니다. 물론 이것들도 모두 굉장하지만 그분이 더 근본적으로 원하시는 것은 **우리 자신**이다. 그리스도인의 회심은 항복이지 영적 성장이 아니다. C. S. 루이스의 유명한 말처럼, "타락한 인간은 단지 성장이 필요한 불완전한 피조물이 아니다. 그는 반드시 자기 무기를 내려놓아야 하는 반군이다."[52]

'절반' 또는 일부만 드리는 항복도 있다. 어떤 사람이 자기 아내에게 지난 20년의 결혼 생활 동안 95퍼센트만 신실했노라고 말했다고 생각해보자. 미국의 그 어느 학교에서나 그 성적은 A다! 아내는 환희에 차서 폴짝폴짝 뛰며 'A학점짜리' 남편에게 감사를 표현할까?

그렇지 않다. 95퍼센트의 신실함은 온전히 신실하지 않았다는 의미다. 결혼은 일부만 헌신하는 것이 용납되지 않는 그런 관계다. 주재권도 마찬가지다. 옛말처럼 "주님은 **모든 것**의 주님이 아니라면 **아무것**의 주님도 아니다."

종교는 항복을 아주 훌륭히 대체한다. 도덕적 순전함은 때로 인생의 조종간을 넘기기 거부하는 마음을 가릴 수 있다.

플래너리 오코너(Flannery O'Connor)는 소설 『현명한 피』(*Wise Blood*)에서 자신의 종교적 성향을 이렇게 묘사한다. "그 안에는 언제나 깊고 검은, 말할 수 없는 확신이 도사리고 있었다. 죄를 피하면 예수를 피할 수 있다는 확신이었다."[53] 다시 말하면, 규율을 절반 정도는 꽤 잘 지키고 있다고 느끼며 살아가는 것이 당신에게 예수님이 얼마나 필요한지를 못 보게 한다는 뜻이다. 또 당신의 최후 수단은 전적으로 그분께 투항하는 것밖에 없다는 절박함도 느끼지 못하게 한다.

많은 사람이 종교적 행위를 이용해서 온전한 항복을 거부한다. 그들은 모범적인 학생, 배우자, 그리고 교회 교인일 수 있다. 그러나 그들은 예수님께서 그들에게 요구하신 '단 한 가지'를 해내지 못했다.

젊은 부자

한 젊은이가 예수님을 더 알고 싶다며 찾아왔다. 기적을 베푸시는 예수님의 능력을 보았고, 무엇보다 영생을 얻고 싶었다. 그는 예수님 앞에 머리를 조아리며 이렇게 말했다.

"선한 선생님이여 내가 무엇을 하여야 영생을 얻으리이까 예수께서 이르시되 네가 어찌하여 나를 선하다 일컫느냐 하나님 한 분 외에는 선한 이가 없느니라 네가 계명을 아나니 살인하지 말라, 간음하지 말라, 도둑질하지 말라, 거짓 증언하지 말라, 속여 빼앗지 말라, 네 부모를 공경하라 하였느니라 그가 여짜오되 선생님이여 이것은 내가 어려서부터 다 지켰나이다"(막 10:17-20).

이 젊은이에게 손을 들어 주어야 한다. 하나님의 아들에게 와서 "제 인생에서 모든 계명을 완벽하게 지켰습니다."라고 말한다는 것은 보통 담력이 아니다. 물론 예수님은 이것이 사실이 아님을 알고 계셨다. 이 젊은이가 자신의 외적 삶을 뽀드득거릴 정도로 순결하게 유지했을지라도 그의 마음은 우리와 마찬가지로 부패해서 씻기고 변화되어야 했다.

그러나 예수님은 그가 자기 마음의 상태를 자각하지 못하고 있음을 직접 도전하시기보다 다른 방식으로 그의 마음을 드러내기로 하셨다.

"예수께서 그를 보시고 사랑하사 이르시되 네게 아직도 한 가지 부족한 것이 있으니…"(막 10:21).

예수님 말씀의 시작은 꽤 희망적이다. "한 가지 부족한 것이 있으니." '한 가지'라니! 휴, 얼마나 다행인지! 하나 정도는 충분히 해낼 수 있을 것이다. 특히 소년일 때부터 모든 계명을 지켜 온 이 젊은이에게는 말이다. 그런데 그 부족한 **한 가지**는 무엇이었을까?

"가서 네게 있는 것을 다 팔아 가난한 자들에게 주라 그리하면 하늘에서 보화가 네게 있으리라 그리고 와서 나를 따르라"(막 10:21).

예수님을 얻기 위해 이 젊은 관리는 자기 돈에 대한 주권을 포기해야 했다. 이제 이해가 될 것이다. '그에게 부족한 딱 한 가지'는 완전한 마음이 아니라 바로 예수님이었다. 그러나 예수님을 얻으려면 손을 펼쳐 다른 모든 것을 내려놓아야 했다. 이것이 하나님께서 하시는 유일한 거래다. 존 파이퍼는 이렇게 설명한다.

이는 마치 돈을 손에 가득 쥐고 선 남자에게 예수님께서 이렇게 말씀하신 셈이었다. "네게 부족한 것이 하나 있다. 네 손을 뻗어 내 손을 잡아라." 그렇게 하려면 남자는 손가락을 펴고 돈이 떨어지게 두어야 했다. '단 한 가지'는 그의 손에서 떨어질 것이 아니라 그의 손이 잡게 될 것이었다.[54]

자신이 모든 것을 가지고 있다고 생각할수록, 말하자면 부요할수록, 당신은 주권을 내려놓을 가능성이 적다. 마음의 왕좌에서 내려오는 일은 당신이 가진 것이 얼마나 적으며, 부족한 것이 얼마나 많은지를 깨닫는 절망에서부터 시작된다.

그래서 이 부유한 젊은이는 "재물이 많은 고로 이 말씀으로 인하여 슬픈 기색을 띠고 근심하며"(막 10:22) 갔다.

샐리 로이드 존스가 『스토리 바이블』(The Jesus Storybook Bible)에서 썼듯이 예수님을 얻기 위해서 당신에게 필요한 것은 아무것도 없는 것이다. 그러나 '아무것도 없는 것'이 이 남자에게 없는 유일한 것이었다. 그래서 그는 예수님과 동행하는 대신 자신의 썩어 없어질 부요함을 붙들었다.

이 남자가 생의 마지막을 어떻게 보냈을지 가끔 궁금하다. 마가복음에서 이 사람은 '재물이 많은 사람'으로 묘사된다. 우리는 그의 남은 이야기는 알 수가 없다. 시간이 지나 그는 재물이 많은 늙은이가 되었을 것이다. 어쩌면 예수님을 만났을 때보다 더 부유해졌을지도 모른다. 그러나 그의 마음속에는 여전히 가슴 아프게 하는 말씀이 울리고 있었을 것이다. "네게 아직도 한 가지 부족한 것이 있으니…." 그가 예수님 없이 죽게 되었다면, 그는 아무것도 얻지 못하고 죽은 것이다.

재물이 많았던 이 사람은 자기 결정을 후회할 만큼 오래 살았을까? 그랬으면 좋겠다.

그런데 더 중요한 건, 당신은 어떤가?

당신에게 이 '한 가지'는 무엇인가?

예수님의 손을 잡기 위해 그것을 잡은 손을 펴겠는가?

"모든 것 빼기 예수님은 무(無)다."라는 말을 믿는가? 그리고 "예수님 더하기 무(無)는 모든 것이다."라는 말을 믿는가?

그분을 온전히 따르기 위해 필요한 것은 당신 존재의 중심이 어디 있는지를 믿는 것이기 때문이다.

내가 찾던 그림이 아니다

산 제물을 처음 본 날을 잊을 수 없다. 로마서 12장 1절에서 사도 바울은 예수님을 따르는 우리는 삶을 '산 제물'로 바쳐야 한다고 말한다. 이 표현은 언제나 시적으로 들렸다. 실제로 직접 보기 전까지는 말이다. 그것은 아직도 이제까지 했던 가장 불쾌한 경험 중 하나로 남아 있다.

당시 나는 무슬림 미전도 종족들이 사는 동남아시아에 살고 있었다. 해가 뜰 때부터 질 때까지 금식하는 한 달간의 라마단이 막 끝난 참이었다. 마을 장로들은 그달의 마지막 날 성대한 잔치를 준비했다. 나도 명예 손님으로 초대받아 의식을 관찰할 수 있었다. 그들은 내게 깨끗한 하얀 셔츠를 입고 와야 한다고 알려 주었다. 나는 큰 무리 중 첫 줄에 앉을 수 있었다. 거대한 나무 제단에서 불과 몇 피트 떨어진 곳이었다.

일곱 남자가 황소를 끌고 들어왔다. 여섯 명이 이 가여운 동물을 꿇렸고 한 사람이 긴 칼을 뽑아 들어 모든 사람이 볼 수 있도록 높이 치켜들었다. 그러더니 그는 칼을 황소의 목에 갖다 댔다. 그는 단 한 번의 강력한 움직임으로 황소에게 피가 콸콸 흘러나오는 치명상을 입혔다. 황소를 누이려고 붙들고 있던 사람들 모두 피를 뒤집어썼다. 피는 내 옷에까지 튀었다. 바닥도 피로 흥건해졌고 흙과 섞여 역겨운 혼합물을 만들어 냈다.

그중 최악이었던 것은 피가 목에서 뿜어져 나오는 동안 녀석의 생명이 헐떡거리며 천천히 꺼져 간 것이다. 피는 매질이 더해질수록 더 세차게 뿜어져 나왔다. 그러다 갑자기 멈췄다.

길게 이어진 고통의 신음보다 더 무서운 것은 그 갑작스러운 죽음의 침묵이었다.

바로 그때 두 가지 생각이 내 가슴을 밀고 들어왔다.

첫 번째는, '**이것이 바로 바울이 묘사했던 그리스도인의 삶이다.**' 라는 것이었다.

나는 '승리하는 그리스도인의 삶'이라는 이미지를 좋아했다. 정복자 이상의 그 무엇.

내게 능력 주시는 자 안에서 나는 무엇이든 할 수 있다는 것.

나는 그리스도인의 삶을 언젠가 강인하게 승리했다고 두 손을 번쩍 들고 결승점을 통과하게 될 경주로 생각하기를 좋아했다. 하지만 내 앞에 놓인 것은 그런 그림이 아니었다. 내 앞에 놓인 것은 연약함, 허비됨, 낭자한 유혈의 그림이었다. 승리자의 그림이 아니라 패배자의 그림이었다.

이 그림을 내 삶의 그림 삼을 준비가 되어 있었을까?

이 첫 번째 생각이 나를 좌절하게 했다면 두 번째 생각은 나를 무너뜨렸다. **'이것은 하나님께서 그리스도 안에서 나를 위해 행하신 일이 아닌가.'**

구약의 제사는 이후 그리스도께서 당신의 백성을 위해 행하실 일을 미리 보여 주는 역할을 했다. 약 2천 년 전 어느 금요일 아침, 예수님은 이 불쌍한 황소와 흡사한 일을 당하셨다. 아니, 1만 배는 더 끔찍한 일이었다. 예수님은 사슬에 묶여 끌려오셨고 발가벗기셨고 등이 너덜너덜해지도록 군중 앞에서 무자비하게 채찍질당하셨다. 그러고선 끌려가 녹슨 못 두 개로 나무 위에 달리셨다. 그런데도 이 모든 일을 기꺼이, 그리고 즐거이 감당하셨다. 내 죄가 불러온 저주를 해결하시기 위해서.

이 예수님께서 이제 나를 불러 따라오라고 하신다. 그분이 나를 위해 행하신 일을 나도 다른 사람을 위해 행하라고 말이다.

참된 그리스도인의 제자도는 어렵다. 항복은 어렵다.

그러나 당신이 손을 펼쳐 항복할 때 당신이 얻는 것은 예수님이다. 그리고 예수님은 그럴 만한 가치가 있으신 분이다. 당신은 자기 삶의 주권을 잃어버리겠지만, 그분을 얻을 수 있다.

만약 마음속으로 기독교는 순종해야 할 일련의 규례로 이루어져 있다고 생각한다면 결코 그렇게 할 수 없을 것이다. 저 부자 젊은이처럼 당신은 당분간 어느 정도 계명을 지키며 살 수 있겠지만, 언제나 단 한 가지는 부족할 것이다. 그리고 그 한 가지야말로 당신에게 참으로 필요한 것이다.

바로, 예수님이다.

항복을 대체할 수 있는 것은 없다

이 거래를 하고 싶은가? 그리스도인의 삶은 종교적 성장으로 하나님께서 주시는 영생과 신령한 복들을 얻어 내는 흥정이 아니다. 천국을 얻으려면 그리스도의 의가 필요하다. 그리고 예수님만이 그분께 기꺼이 항복하는 이들에게 이 의를 주신다.

그분과는 이 거래만 가능하다. 그분의 온전한 의와 당신의 온전한 항복.

내 중고등부 목사님은 '백지 수표' 비유를 든 후 이렇게 말씀하셨다. 모든 마음에는 보좌와 십자가가 있다. 만약 당신이 보좌에 앉았다면 그리스도께서 십자가에 달려 계신다. 만약 그리스도께서 보좌에 앉으셨다면 당신이 십자가에 달려야 한다.

당신 삶의 보좌에 앉은 이는 누구인가? 보좌에는 오직 한 사람만 앉을 수 있다.

예수님은 고문으로, 지원 스태프로, 수준 높은 상담가로 오신 것이 아니다. 예수님은 다스리는 왕이든지 아무것도 아니든지 둘 중 하나다.

내가 고등학생이었을 때 유행한 자동차 스티커에는 "하나님이 내 보조 파일럿"이라고 씌어 있었다. 그 문구를 통과해서 날아가는 비행기가 그려져 있었고 파일럿에 들어가는 글자 't'는 십자가처럼 그려 놓았다.

영적으로 보였다. 운전자들도 꽤 안심하고 운전했으리라 생각한다. 그러나 슬프게도 이는 그리스도인의 삶에 대한 완전히 잘못된 그림이다.

이제 당신은 알 것이다. 만약 하나님께서 당신의 보조 파일럿이라면 당신도 하나님도 잘못된 자리에 앉아 있는 것이다.

하나님께서 당신의 삶에 오실 때는 여행 팁을 전수해주거나 교통 체증을 피하게 도와주거나 타이어가 펑크 났을 때 도움을 주는 유용한 조수로 오신 것이 아니다. 물론 더 나은 길을 추천해주는 내비게이션 시스템으로 오신 것도 아니다. 하나님을 그렇게 여긴다면 당신은 하나님께서 '새 경로 탐색 중'이실 때 얼마든지 당신이 원하는 길로 갈 것이다.

예수님께서 당신의 삶에 들어오실 때 그분은 당신을 멈춰 세우고 말씀하신다. "이 차는 원래 내 거란다. 네가 훔친 거야." 당신은 운전석에서 내리고 그분께 키를 넘긴다. 그러고는 뒷자리로 들어가서 이렇게 말하는 것이다. "맞습니다. 이 차는 이제 당신 것입니다. 우리 어디로 갈까요?"

예수님의 제자가 되고자 하는 많은 이가 이 젊은 부자처럼 더 나은 삶, 단기 선교 여행, 교회 출석이라는 '기프트 카드'로 예수님을 만족시킬 수 있으리라 생각한다. 마치 조수석에 앉은 손님에게 듣고 싶은 음악을 선택하게 해주듯이 말이다. 하지만 이런 일은 아무리 많이 해도 그 누구도 영생을 얻게 할 수는 없다. 이 젊은 부자가 예수님을 떠났듯이 이런 그리스도인도 하나님께서 그들을 위해 예비하신 삶에서 떠난다. 그러고 나서 십중팔구 예수님과의 관계를 완전히 잃어버리게 되리라.

온전하고 완전한 항복을 대체할 수 있는 것은 없다. 구원 얻을 유일한 소망은 그리스도의 의라는 선물이다. 그리고 이것은 예수님께서 당신의 죄를 위해 십자가에서 죽으심으로 당신을 위해 값을 치르신 것이다. 예수님은 이 의를 오직 온전히 항복하는 이들에게만 주신다.

그분을 얻으려면 당신은 반드시 당신의 모든 것을 내려놓아야 한다. 당신에게 예수님은 그 정도로 가치 있는 존재인가?

"우리는 부를 구하지 않습니다. 도리어 십자가를 바라봅니다. …
우리의 유업으로는, 잃은 자들을 주소서!"
— 밥 하트먼, 페트라(Bob Hartman, Petra)

7장

단 한 명의 관중

목사가 되기 전 가졌던 직업 중 내가 가장 좋아했던 일은 중학교 축구 코치였다. 고등학교와 대학 시절 나는 축구를 즐겨 했던 터라 지역 남자 중학생팀을 지도하겠다고 자원했다.

나는 내가 맡은 일을 두 마음으로 한다는 평가를 한 번도 받아본 적이 없었고, 이 팀을 이끄는 것 역시 예외가 아니었다. 아직 사춘기도 오지 않은 이 아이들을 내일의 리더로 키우는 것이 하나님께서 내게 주신 사명이라 믿었다.

내가 그 일을 이루었는지는 잘 모르겠지만, 확실히 아는 것은 우리 팀이 꽤 잘했다는 것이다. 한 번도 지지 않고 정규 시즌을 끝장내 버렸고, 승리할 때마다 우리의 자신감은 올라갔다. 나는 기회 있을 때마다 이 자신감을 키우려고 했다. 우리 팀의 게임 전 의식은, 옷과 얼굴에 진흙을 바르고 전투 함성을 지르면서 영화 "브레이브하트"(Braveheart)에서 써먹을 수 있는 구절이란 구절은 다 인용하는 것이었다.

카운티 플레이오프가 가까워졌을 때 우리 팀 아이들은 스스로를 무적이라고 느끼고 있었다. 첫 두 팀은 아주 쉽게 해치웠다. 그러나 준결승에서 예상치 못한 장애물을 만났다. 상대 팀에는 우리가 시즌 내내 만난 선수들과는 전혀 다른 수준의, 훨씬 더 뛰어난 스타플레이어가 한 명 있었다. 그녀는 축구공으로 원하는 건 무엇이든 할 수 있는 선수 같았다.

맞다. 방금 난 '그녀'라고 했다.

내 알량한 남성 우월주의로는 체육 방면으로 그녀가 우월함을 인정하기 힘들었다. 그녀가 두 번째 골을 넣었을 때 우리 팀 분위기는 그야말로 당황, 좌절, 혼란의 도가니였다. 그녀는 건드릴 수 없어 보였다. 우리는 그녀를 미래의 미아 햄(Mia Hamm), 축구계의 세리나 윌리엄스(Serena Williams)로 평가하고 있었다.[55]

후반전 종료 11분 전, 나는 우리 팀 수비수 데이비드를 불러 짧은 지시를 내렸다.

"데이비드, 나는 저 애가 완전히 열린 우리 골대에 골을 넣는 꼴을 보는 데 질려 버렸어."

"네, 코치, 저도요. 전 저 애가 진짜 싫어요."

"자, 데이비드, 아직 거기까진 가지 말자고. 하지만 남은 10분 동안 너한테 한 가지 임무가 있다. 딱 하나뿐이야. 저 아이가 네 임무다. 알겠지?"

데이비드는 고개를 끄덕였다.

"나는 네 곁에서 다른 선수가 불에 타고 있어도 신경 안 쓸 거야, 데이비드. 그건 네 책임이 아니다. 하지만 만약 저 아이가 페널티 박스 안으로 공을 몰고 들어왔다면 너는 절대로 슛을 쏘게 해서는 안 된다. 알겠지?"

데이비드는 엄지손가락을 들어 올렸다.

관중 수는 89명이었다.

데이비드가 빠른 속도로 경기장 안으로 돌아갈 때 나는 다시 한번 그를 불렀다. "그런데 데이비드, 규칙에 따라서 해라!" 데이비드는 잠깐 멈추고는 이해할 수 없다는 표정을 짓다가 이내 고개를 끄덕이고 다시 뛰어갔다.

몇 분 지나지 않아 진실의 순간이 다가왔다. 그녀는 다시 한번 우리 수비진을 뚫고 쏜살같이 달려들어 왔다. 미드필더들은 투명인간처럼 제쳐졌다. 그녀는 오른쪽 수비수를 속여 아기같이 움츠러들게 했다. 이어진 그녀의 페이크 동작에 골키퍼는 왼쪽으로 뛰었다. 골대는 완전히 열렸다. 식은 죽 먹기였다.

그런데 그때. 내 시야 외곽에서 데이비드 같은 작은 형태가 흐릿하게 시야 안쪽으로 들어왔다. 데이비드는 그녀의 사각지대로 파고들어 외계인이 쏘는 광선처럼 그녀를 꼼짝 못 하게 했다. 그녀의 발이 공을 차려고 공에 닿으려는 순간 데이비드가 뒤에서 태클했다. 반칙이었다. 축구 스타일의 슬라이딩 태클이 아니었다. 아니, 말하자면 미식축구의 베어-허그 태클[56]이었다.

그 순간, 시간이 마치 멈춰 버린 것 같았다.

그러고 나서 아수라장이 되었다. 모두 분노가 폭발한 것 같았다. 상대 팀은 우리가 그 팀의 스타플레이어를 다치게 하려 했다고 분노했다. 우리 팀은 페널티 박스 안에서 페널티 킥을 허용했다고 분노했다. 심판은 혼란스러워 보였다. 나도 소리를 질렀다. 내가 보고 싶었던 장면이 전혀 아니었기 때문이다. 우리 팀의 부모들은 이 '사이코 같은 코치'가 데이비드에게 지시해 여자아이를 다치게 하려 했다고 분노했다.

여전히 데이비드 주위로 거대한 소용돌이가 몰아치는 그때, 데이비드는 몸을 굽혀 꼬마 신사처럼 상대편 여자 선수를 일으켜주었다. 그러고는 돌아서서 구장을 가로질러 나를 보고 주머니쥐처럼 씩 웃었다. 자신 있게 엄지를 치켜세우면서 말이다.

그 순간 모든 고함 소리가 나를 향하기 시작했다. 딱 한 단어가 내 머리를 스쳐 갔다. 소송.

그 즉시 데이비드를 교체했다. 데이비드가 경기장에서 나오자 나는 (다른 부모들이 혹시 듣지는 않을지 어깨 뒤를 확인하면서) 말했다. "데이비드, 방금 뭐였니? 뇌를 어디에다 둔 거야? 머리가 어디 있는지 좀 알려줘 봐. 데이비드, 대체 무슨 생각이었던 거야?"

"그런데, 코치." 데이비드가 전형적인 사춘기 청소년의 반항 어린 표정으로 항변했다. "코치가 저한테 반칙으로 저 아이를 다치게 하라고 하셨잖아요!"

데이비드는 경기장으로 들어갈 때 내가 마지막으로 한 지시가 "데이비드, 반칙으로 그렇게 해. 보기 좋게 해버려!"였다고 생각한 것이다.

다행히 여자아이는 별일이 없었다. 나도 감옥에 가지 않고 시즌을 마칠 수 있었다. 그녀는 페널티 킥으로 득점했고 우리는 3-1로 졌다.

그런데 그 순간을 돌이켜 보면 데이비드가 중학생의 방식으로 보여 주었던 모습이, 예수님께서 당신을 따르는 이들에게 요구하시는 헌신이 아닐까 생각해본다. 무슨 말인지 더 들어 보라.

데이비드는 그렇게 하면 페널티 킥이라는 사실을 알고 있었다. 아마도 심판이 자기를 향해 소리를 지르고 그의 부모는 외출 금지 지시를 내리리라고 생각했을 것이다. 그런데도 주저 없이 그 일을 해냈다. 그건 아직 다 자라지 않은 사춘기의 머리로 이렇게 생각했기 때문일 것이다. '만약 코치가 내가 이렇게 하기를 원한 것이라

면 어떻게 해도 다 괜찮을 거야.'

예수님과 함께 먼 길을 가겠다는 결심은, 만약 예수님께서 원하시는 것이라면 그 어떤 상실과 다른 사람의 불만도 감내할 수 있을 것이라는 확신으로 유지된다. 예수님의 인정이 다른 사람의 부정을 이기고도 남는다. 예수님의 축복이 그들의 저주를 훨씬 넘어선다. 그분의 함께하심이 다른 상실을 채운다.

예수님은 이렇게 말씀하신다.

"또 무리에게 이르시되 아무든지 나를 따라오려거든 자기를 부인하고 날마다 제 십자가를 지고 나를 따를 것이니라"(눅 9:23).

앞 장에서 보았듯이, 우리가 순종할 때 마주하는 "나"는 우리가 남기고 갈 세상보다 더 중요하다.

만약 당신이 끝까지 남을 온전한 순종의 삶을 받아들이고자 한다면 당신에게도 '데이비드' 타임이 필요하다. 하늘의 코치가 "가라." 하시는 말씀을 듣고 모든 위험을 무릅쓰는 그 순간이 말이다.

데이비드처럼 당신도 단 한 명의 관중을 위한 삶을 시작해야 한다. 하지만 데이비드의 경우와 달리 그 한 관중은 당신이 똑바로 갈 수 있게 하며, 결코 모호한 지시는 하지 않는 분이어야 한다.

두려워하지 말라, 적은 무리여

예수님은 단 한 명의 관중을 위해 사는 삶에는 공포를 느끼게 하는 항복이 필요하다는 사실을 아셨다(심지어 공감하셨다). 내 생각에는 그래서 이렇게 말씀하셨던 것 같다.

"적은 무리여 무서워 말라 너희 아버지께서 그 나라를 너희에게 주시기를 기뻐하시느니라"(눅 12:32).

나는 언제나 여러 비유를 섞지 말라고 가르치지만, 여기서 예수님은 세 가지를 섞으셨다. 각각은 삼중 확신을 이룬다. 하나님은

1) 우리가 어디 있는지 무엇을 하는지 친밀히 **살피는 목자**이시며,
2) 우리 인생의 모든 것을 당신의 선한 목적을 따라 다스리는 **전능한 왕**이시고,
3) 우리가 형통한 것을 기뻐하는 **사랑의 아버지**이시다.

존 파이퍼가 언급했던 것처럼 누가복음 12장 32절의 한 단어 한 단어는 모두 두려움과 불확실함에 사로잡혀 있을 때 확신을 주기 위해 선택된 것처럼 보인다.

간단하게, 놀랍게, 형용할 수 없게 … 우주의 왕의 전능한 통치와 권세는 영원 세세토록 하나님의 적은 무리를 위해 행사될 것이다.[57]

순종할 수 있을지 자기 능력을 의심하는 이들에게 예수님은 이 약속을 주신다. 왜냐하면 이것이 우리가 자신 있게 미래를 향해 걸어가는 데 필요한 유일한 약속이기 때문이다. 그분의 임재는 우리 영혼이 가물어도 잔치를 벌일 수 있는 떡이다.

이 약속 외에 더 필요한 것이 있는가? 이 약속이 없다면 무엇이 더 필요한가? 이것을 생각해보라.

- **예수님이 돈보다 더 낫다.** 그분께 쌓아 둔 재물은 절대 무너지지 않으며, 그분의 공급은 결코 떨어짐이 없다. 그분의 창고는 언제나 가득하며, 그분의 천사들은 절대 병들지 않는다.
- **예수님이 로맨틱한 사랑보다 더 큰 만족을 준다.** 당신은 그분의 품에 안기기 위해 창조되었다.
- **예수님은 이 땅의 권세보다 낫다.** 온 우주의 모든 분자를 당신의 선한 뜻으로 주장하시는 하나님보다 더 큰 권세가 어디에 있다는 말인가?
- **예수님은 완벽한 건강보다 낫다.** 그분은 병마가 건드릴 수 없고, 전염병이 위협할 수 없으며, 죽음이 앗아 갈 수 없는 생명을 제공하신다.

- **예수님은 위대한 성취보다 낫다.** "잘하였도다, 착하고 충성된 종아!"라는 말을 예수님께 듣는 것은, 받는 순간 바로 잊어버릴 트로피 1만 개보다 더 가치 있다.

지난 장에서 우리는 '모든 것 − 예수님 = 0'임을 보았다. 이제 우리는 이 반대도 사실임을 알게 된다.

예수님 + 0 = 모든 것.

그리스도 안에서 우리는 유일하게 의미 있는 의견을 주시는 단 한 명의 관중에게 종국에는 절대적 칭찬을 얻을 것이라는 확신을 가질 수 있다. 시간이 흘러도 유지될 유일한 약속이다. 절대로 실패하지 않고 떠나지 않을 유일한 임재다.

중요한 일을 먼저 하면 두 번째 것을 공급하실 것이다

예수님은 우리가 인생에서 음식, 안식처, 친구, 그리고 가족이 필요하다는 것을 알고 계신다. 예수님은 우리 필요를 풍성히 채워주겠다고 약속하셨다. 단, 그분을 먼저 구할 때 말이다.

예수님의 가장 유명한 설교인 산상수훈에서 예수님은 이런 약속을 하신다.

"그런즉 너희는 먼저 그의 나라와 그의 의를 구하라 그리하면 이 모든 것을 너희에게 더하시리라"(마 6:33).

만약 당신이 바로 앞 구절을 읽었다면 여기서 '이 모든 것'이 우리가 삶에서 갈구하는 행복과 안정임을 알 수 있을 것이다.

예수님은 인생에서 다른 것들을 잃어버릴까 봐 두려워하는 두 가지 성격 유형을 보여 주기 위해 두 가지 비유를 드신다. 어떤 사람들은 예수님께 항복하면 행복하지 않을 거라고 두려워한다. 그들을 향해 예수님은 다음과 같이 말씀하신다.

"또 너희가 어찌 의복을 위하여 염려하느냐 들의 백합화가 어떻게 자라는가 생각하여 보라 수고도 아니하고 길쌈도 아니하느니라 그러나 내가 너희에게 말하노니 솔로몬의 모든 영광으로도 입은 것이 이 꽃 하나만 같지 못하였느니라 오늘 있다가 내일 아궁이에 던져지는 들풀도 하나님이 이렇게 입히시거든 하물며 너희일까보냐 믿음이 작은 자들아"(마 6:28-30).

들판의 풀은 덧없음의 표본이다. 그런데도 하나님은 그 들꽃들을 아름답게 입히신다! 당신은 그와 반대로 영원한 존재다. 하나님께서 덧없는 풀들을 이렇게 대하신다면 당신은 당연히 돌보시지 않겠는가? 결과적으로 그분은 유일한 아들의 피를 당신에게 주지 않으셨던가! 그렇다면 하나님께서 의미를 찾으려는 당신의 갈망을 만족시키시리라 믿을 수 있지 않겠는가?

하나님께 항복하기를 두려워하는 두 번째 성격 유형은, 항복하면 인생이 고립될 거라고 생각하는 것이다. 미래에 자기 자신이나 가족을 돌볼 수 없게 될지도 모른다는 두려움이다. 그들을 향해 예수님은 이렇게 말씀하신다.

"공중의 새를 보라 심지도 않고 거두지도 않고 창고에 모아들이지도 아니하되 너희 하늘 아버지께서 기르시나니 너희는 이것들보다 귀하지 아니하냐"(마 6:26).

새들은 미래를 위해 저축하지 않는다. 새들은 밤마다 모여 폭스뉴스(Fox News)나 CNN을 보고 이 사회가 어디로 갈지 불안해하지 않는다. 그런데도 하나님은 그들에게 온갖 풍성한 것을 공급해주신다. 당신과 나는 분명 하나님의 형상을 따라 지음받고 그분의 아들의 피로 구속받은 하나님의 아들과 딸로서, 새들보다 훨씬 가치 있는 존재다. 그러니 만약 하나님께서 새들도 이렇게까지 보살피신다면, 그가 그분의 자녀들을 당연히 잘 보살피시리라 믿고 평안하게 쉼을 누릴 수 있지 않겠는가?

모르긴 몰라도 당신은 자신이 둘 중 한 부류에 속한다고 느낄 것이다. 온전히 조건 없이 하나님께 항복해야 한다고 생각하면 당신 마음에 가장 먼저 떠오르는 두려움은 무엇인가? 당신이 인생을 주관하면 행복할 수 있을 텐데 이제 더 이상 행복할 수 없으리라는 생각인가? 아니면, 인생을 다 던지고 난 후 고립되고 궁핍해질 상황이 두려운가?

일반적으로 돈과 관련된 문제에서도 사람들은 이 두 가지 부류 중 하나에 속한다. 한 부류는 돈이 곧 행복이다. 그래서 조금 더 얻으면 그것들을 **써 버린다**. 또 다른 부류는 돈이 안정감이다. 그래서 조금 더 얻으면 **쌓아 둔다**. 하나님은 유머러스하시기 때문에 두 부류의 사람은 언제나 서로와 결혼한다. 그러고는 언제나 상대방에게 돈 문제가 있다고 생각한다. 1천 달러라도 여윳돈이 생기면 써 버리는 이들은 새 TV를 사고, 쌓아 두는 이들은 뮤추얼 펀드를 시작한다. 쓰는 이들에게 돈은 현재의 기쁨으로 향하는 길이고, 저축하는 이들에게 돈은 미래의 안정을 위한 길이기 때문이다.

두 부류 모두에게 예수님은 말씀하신다. "네 행복이나 안정보다 나를 먼저 구해라. 너희가 소망할 수조차 없었던 것들로 둘 모두를 내가 채워 주리라."

"너희는 먼저 그의 나라와 그의 의를 구하라 그리하면 이 모든 것을 너희에게 더하시리라"(마 6:33)는 말씀은 내 인생 구절에 가장 가깝다고 할 수 있다. 아버지는 내가 대학에 진학하려고 집을 떠날 때 이 구절을 주셨다. "아들아, '이 모든 것'에는 살아갈 **돈**도 포함이 된단다. 여기에는 네가 직업을 통해 누릴 만족도 포함된다. 여기에는 결혼할 상대도 포함되고 (만약 하나님께서 그렇게 예비하셨다면) 친구 관계도 포함된단다. 모두 아주 좋은 것들이지. 하지만 이 모든 것을 **두 번째**로 구해라. 하나님을 먼저 구할 때 그가 모든 것을 너에게 더하실 것이다."

나는 C. S. 루이스의 요약을 아주 좋아한다. 그는 이렇게 말한다. 인생에는 첫 번째 것(하나님과 그의 뜻)과 두 번째 것(성공과 행복한 인생을 위해 필요한 다른 모든 것)이 존재한다. 만약 첫 번째 것을 첫 번째 자리에 두면 예수님께서 두 번째 것을 주신다고 약속하신다. 그러나 두 번째 것을 첫 번째 자리에 두면 우리는 첫 번째 것을 잃을 뿐 아니라 두 번째 것도 잃을 것이다.[58] 당신 인생에서 돈이 가져다준 것들은 공허함과 불안함만 가져다줄 것이다. 결혼은 오래가지 않을 것이다. 친구들도 언제나 곁에 있지 않을 것이다.

만약 하나님께 항복하는 것이 결혼하지 않는 것을 의미한다면, 또는 그분을 따르는 것이 좋은 직장을 잃거나 친구 몇 명을 잃어야 한다는 것을 의미한다면, 예수님은 다른 방식으로 그 잃은 것들을 채우실 것이다. 그분은 이렇게 말씀하신다.

"내가 진실로 너희에게 이르노니 하나님의 나라를 위하여 집이나 아내나 형제나 부모나 자녀를 버린 자는 현세에 여러 배를 받고 내세에 영생을 받지 못할 자가 없느니라"(눅 18:29-30).

이는 전 세계 모든 그리스도인이 모든 시대에 걸쳐 한 간증이다. 하나님은 육신의 필요를 채우기 힘든 곳으로 당신을 인도하실 때는 더 많은 것으로 갚으신다. 홀로코스트 생존자 코리 텐 붐(Corrie Ten Boom)은 이렇게 표현했다. "하나님께서 우리에게 주신 모든 경험, 우리 삶에 두신 모든 사람은 그분만이 보실 수 있는 미래를 위한 완벽한 준비입니다."[59] 때로 하나님은 우리 필요를 기대하지 않았던 방식으로 채우신다. 때로 그분 안에서 그 필요를 채우신다. 다윗 왕이 발견했듯이 하나님은 원수의 목전에서 우리에게 상을 베푸시며 심지어 그 잔이 흘러넘치게 하신다(시 23:5).

그러나 인생에서 다른 것을 먼저 구한다면 그것들은 궁극적으로 당신을 실망하게 할 것이다.

러스티는 실재가 아니다

하나님 없는 인생의 커다란 역설은 당신이 하나님 대신 추구한 것을 결국 끝까지 즐거워하지 않는다는 사실이다. 하나님을 올바른 자리에 둘 때만 당신은 두 번째 자리에 올 것과도 올바른 관계를 맺을 수 있다.

이는 내 친구가 처음으로 지역 그레이하운드 경주장에 갔던 이야기가 기억나게 한다.

경주가 시작되기 직전, 사람들은 '러스티'(Rusty)라고 불리는 장난감 토끼를 가져와서 개들 앞에서 트랙을 왔다 갔다 하게 한다. 군중은 미쳐 가고 장내에는 "여~~~기에 러스티가 등장합니다!"라는 방송이 울려 퍼진다. 개들은 흥분해서 창살에 머리를 들이받기 시작한다. 모두 러스티를 잡으려고 안달이 난다. 문이 열리고 녀석들은 몇 초 안에 러스티를 잡지 않으면 죽을 것처럼 튕겨 나간다. 러스티는 개들 앞에서 결승점까지 달린다. 거기까지 가면 러스티는 작은 구멍 안으로 갑자기 사라져진다. 매번.

나중에 어떤 일이 있을지 한번 상상해볼 수 있을 것이다. 다시 견사로 돌아온 개들 중 하나가 이렇게 말한다. "아아, 정말이지 이번에는 러스티를 진짜 잡을 뻔했는데 말이야!" 그러자 친구가 이렇게 말한다. "나도! 다음에도 볼 수 있을까?" 물론 이튿날도 러스티는 돌아온다! 매일같이 똑같은 개들이 결코 잡지 못할 똑같은 토끼를 쫓아간다.

우리는 이렇게 생각한다. "멍청한 개들 같으니! 다 조작된 걸 모르는 거야? 진짜 토끼도 아니란 말이야!"

하지만 우리 중 다수에게는 아침마다 울리는 알람이 "여~~~기에 러스티가 등장합니다!"라는 장내 방송과 같을지 모른다. 우리 발이 마루를 밟는 순간 트랙을 돌기 시작한다.

친구가 내게 알려 주기를, 때로 그 기계 토끼에 문제가 생겨 개 한 마리가 실제로 잡게 되기도 한단다. 녀석은 토끼를 물어뜯고 나서야 깨닫는다(물론 개 수준에서). "아니 잠깐만, 나 지금 속은 거 같은데? 이거 다 사기잖아!" 그렇게 되면 그 개는 다시는 예전 같은 에너지로 달리지 못한다고 친구는 말해주었다.

그리고, 놀라지 마시라! 바로 이 지점이 개가 우리보다 더 똑똑한 면인지도 모른다. 생각해보라. 우리 대부분은 이미 우리가 쫓던 '러스티'를 잡아 본 적이 있다. 우리는 차가 있고, 새집으로 이사도 했고, 눈여겨봤던 목 좋은 사무실도 얻어 냈다. 그러나 그것들을 씹어 보곤 생각했던 그 맛이 아니라는 걸 깨닫고 우리는 이렇게 생각한다. "이런! 이 토끼가 아닌가 봐! 다른 녀석을 잡아야겠다!" 그래서 새 여자 친구를 찾고, 다른 직장을 구하고, 새 목표를 세우고, 더 비싼 집을 산다. 우리는 이 축복을 씹었다 저 축복을 씹었다 하며 갈수록 공허해져 갈 뿐이다.

'러스티'를 쫓는 것은 삶을 끊임없는 경주로 만들고, 그것은 만성 피로로 이어진다. 그러나 하나님을 쫓는다면 하나님께서 어떻게 대처해야 할지 모를 정도로 얼마나 큰 기쁨과 풍성함과 만족함을 부어 주시는지 놀라게 될 것이다.

다시 인용하자면 C. S. 루이스는 정말 잘 말해주었다.

아름다움이 거하리라 믿었던 그것은 우리를 배신할 것이다. 아름다움은 그 **안**에 거한 것이 아니라 단지 그것을 **통해** 드러났을 뿐이다. 그리고 우리는 그것을 갈망한 것이다. 이것들은 … 우리가 정말 열망하는 것을 잘 반영하는 이미지들이다. 그러나 만약 우리가 이를 오해한다면 그것들은 자기를 경배하는 자의 마음을 망쳐 버릴 멍청한 우상이 될 것이다. 그것들은 실재가 아니기 때문이다. 그것들은 단지 우리가 아직 찾지 못한 꽃의 향기이고 아직 듣지 못한 멜로디의 메아리이며 한 번도 가 보지 못한 나라로부터 온 소식이기 때문이다.[60]

우리가 갈구하는 행복과 안정은 이것들 가운데서 찾을 수 없다. 그것들은 만족과 안전의 근원이 어디 있는지 우리에게 알려 주기 위해 하나님께서 주신 선한 선물이다. 그러나 우리가 그것들을 만족과 안전의 근원으로 여기면, 그것들은 우리를 무너뜨리고 공허하게 할 것이다.

자신에게 질문해보라. **이 토끼가 진짜가 아니라는 사실을 깨닫게 된다면 내 삶은 어떻게 바뀔까?**

더 큰 것을 주신 하나님은 더 작은 것도 주실 수 있다

예수님을 첫 번째 자리에 놓고 내가 원하는 것을 두 번째에 두는 일은 분명 쉽지 않은 믿음의 도약이다. 그렇게 하기 어렵다면 한 걸음 뒤로 물러서서 당신에게 따라오라고 손짓하시는 분이 어떤 분인지 생각해보라. 그분은 굴욕과 고문, 죽음에 이르기까지 순종하심으로 당신을 죄로부터 구원하신 하나님이다. 그는 당신이 그분을 사랑하기 전에 사랑하셨으며 어떤 사람도 할 수 없는 온전한 사랑으로 당신을 사랑하셨다. 남은 생애에 그를 믿을 수 있을 것 같지 않은가?

로마서 8장에서 바울이 제시하는 논리는 이와 같다.

> "자기 아들을 아끼지 아니하시고 우리 모든 사람을 위하여 내주신 이가 어찌 그 아들과 함께 모든 것을 우리에게 주시지 아니하겠느냐"(롬 8:32).

더 큰 것을 내어 주셨다면 분명히 더 작은 것도 주실 것을 신뢰할 수 있다. 다윗이 시편에서 외친 것과 같이 하나님은 당신을 신뢰하는 이들에게 "좋은 것을 아끼지 아니하실"(시 84:11) 것이다. 이는 우리가 받아야 할 것이라고는 진노밖에 없을 때 은혜를 거두지 않으시고 우리에게 우주에서 가장 귀한 선물을 주신 것으로 증명된다. 선물은 바로 그분의 아들이다.

자신에게 큰 가치가 있는 것을 버리는 사람은 없다. 그리고 우리는 우리의 위대한 가치를 안다. 하나님께서 우리를 대속하시기 위해 지불하신 대가를 알기 때문이다. 어떤 것의 가치는 누군가 그것을 위해 얼마나 지불하기를 원하느냐에 의해 드러난다(조비 마틴[Joby Martin] 목사는 이를 '옥션의 법칙'이라고 부른다. 집에 아마 아주 가치 있다고 느끼는 물건이 있을 것이다. 그러나 그 물건을 옥션에 올리고 나면, 다른 사람에게는 6달러의 가치도 채 되지 않음을 발견할 것이다. 해나 몬태나[Hannah Montana][61]가 사인한 포스터 모음은 어떤가? 어린 시절 당신에게는 최고의 선물이었겠지만 온라인 커뮤니티는 그다지 대단하게 여기지 않는다).

때로는 반대로 작용하기도 한다. 거의 신경도 쓰지 않는 물건이 당신에게 있을 것이다. 그러나 어느 누군가는 그것을 얻기 위해 엄청난 액수를 지불하길 원하고, 이로 인해 그 물건을 보는 당신의 태도는 완전히 바뀐다.

내 할머니가 돌아가셨을 때 우리 가족은 평범해 보이는 스테인드글라스 램프를 거실에서 발견했다. 이를 다른 잡동사니들과 함께 골동품 가게에 가져가 얼마나 받을 수 있는지 알아보려고 했다. 골동품 가게 주인은 그 램프 하나 값으로 2만 5천 달러를 제안했다. 진짜다. 다시 가지고 돌아가서 혹시 '지니'라도 나오는지 문질러 보고 싶었을 정도다. 우리는 전혀 몰랐고 내 할머니도 모르셨다(비록 많은 사람이 할머니가 그 램프를 자기에게 유품으로 남기려고 하셨다는 사실을 '느닷없이' 기억해내긴 했지만 말이다). 내가 가장 먼저 생각난 것은 그 방에서 여동생과 피구를 한 것이었다. 누군가 이 램프에 값을 매겨 사려고 하기 전까지 우리 중 누구도 이 램프의 참된 가치를 알지 못했다.

하나님은 당신을 헤아릴 수 없는 값을 주고 사셨다. 아들의 피를 **당신을 위해** 주셨다. 바울은 만약 하나님께서 그렇게 하셨다면 다음과 같을 것이라고 논리를 전개한다.

그런 하나님께서 우리 결혼을 도와주시지 않겠는가?
자녀 양육에 필요한 지혜를 주시지 않을 이유가 있겠는가?
우리의 미래를 위해 필요를 공급해주시지 않을 이유가 있겠는가?

우주에서 가장 쉬운 논리적 결론이다. 만약 우리를 위해 그분 아들의 피를 흘리셨다면 우리를 허비하지 않으실 것이다.

그러므로,

"적은 무리여 무서워 말라 너희 아버지께서 그 나라를 너희에게 주시기를 기뻐하시느니라"(눅 12:32).

나는 이 불이 두렵지 않다

이 하늘의 약속에 더 굳건히 설수록 이 땅의 것을 잃는 일을 덜 두려워하게 될 것이다. 이 생애에서 잃는 것은 고통스럽긴 하겠지만 가볍고 일시적이다.

AD 2세기에 살았던 폴리카르포스(Polycarpos)는 사도 요한의 제자가 되는 특권을 얻었다. 하지만 로마 당국자들이 AD 155년 2월

23일, 서머나에 있는 폴리카르포스의 집에 나타나 그를 끌어내고 나무에 묶어 불태웠다. 예수의 복음을 선포하는 것을 멈추라는 그들의 계속된 요구를 그가 거절했다는 이유였다. 요한은 이미 죽은 지 오래였고, 당시 폴리카르포스는 86세였다.

그는 잠깐 기도하게 해달라고 요청했는데 증인들에 따르면 그는 매우 침착했다. 그들이 말하기를 군인들조차 그의 평온함에 감동했다고 한다. 기도를 하고 나서 그는 나뭇더미와 근처에 있는 횃불 쪽으로 몸을 돌리며 소리쳤다.

"나는 86년간 그리스도를 섬겼는데, 그분은 단 한 번도 나를 잘못 대하신 적이 없다. 나를 구원하신 내 왕을 어떻게 모욕할 수 있겠는가?"

그들은 폴리카르포스를 장작더미에 묶었다. 나무에 불을 붙이기 직전에 그들은 마지막으로 하고 싶은 말이 있느냐고 물었다. 그는 모인 군중을 바라보며 소리 높여 외쳤다. "내가 이 불을 두려워하고 있다고 생각합니까? 당신들이 나를 위협하는 데 쓰는 이 불은 고작 한 시간을 타고 꺼질 것입니다. 그러나 심판의 불에 대해서는 무엇을 압니까? 자, 어디 한번 불을 붙여 보시오!"[62]

존 웨슬리의 유명한 말처럼 "하나님을 두려워하는 자는 하나님 외에 어떤 것도 두려워할 필요가 없다."

만약 하나님께서 '잘하였도다!'라고 하신다면 당신은 가장 중요한 한 분에게 인정받은 것이다. 만약 하나님께서 당신과 함께하신다면 당신 앞에 누가 있는지는 전혀 중요하지 않다. 만약 하나님께서 당신 편이라면 싸움은 이미 끝났다.

예수님 + 0 = 모든 것.

"복음은 제때 전달되어야만 좋은 소식이다."

– 칼 헨리(Carl F. H. Henry)

8장

꼭 복음을 들어야 천국에 가는가?

오늘날에도 예수님에 대해 전혀 알지 못하는 미국인을 찾는 것은 어렵지 않다. 그런데 론다가 그런 사람이었다.

론다는 뉴잉글랜드에서 자랐다. 그녀에게 내 간증을 나눴을 때 그녀는 진심 가득한 냉소로 질문을 던졌다.

그래서 나는 기초적인 것부터 시작했다. 하나님이 누구신지, 예수님은 왜 오셨는지, 그리고 왜 우리는 그분을 통해서만 구원을 얻을 수 있는지. 그러고 난 후 그녀가 한 질문은 내 예상을 벗어난 것이었다.

"진짜 이걸 믿으시는 거예요?"

"음… 그럼요." 나는 대답했다.

그녀가 말했다. "그런데 이걸 믿는 것처럼 **살지**는 않는 것 같은데요."

그러고는 이어 갔다. "만약 목사님이 믿는다고 말한 이것들을 믿는다면 하루를 어떻게 버틸 수 있는지 상상이 안 되네요. 내 인생에서 만나는 예수님을 모르는 모든 사람은 하나님의 사랑에서 벗어나 있고 영원한 지옥으로 간다면서요. 전 계속 무릎이라도 꿇고 사람들에게 제발 내 말을 들으라고 빌 것 같아요."

그녀는 말했다. "그런데 목사님은 저와의 논쟁에서 이기려고만 하는 것 같아요. 목사님이 세상을 보는 방식이 저보다 더 우월하다고 증명하려는 것 같은걸요. 영원한 생명과 영원한 죽음에 대해 이야기하고 있지만 말이죠."

내가 그토록 놀라서 말이 안 나온 적이 또 언제 있었나 싶다. 나는 그녀가 옳다는 걸 알았다. 하지만 어떻게 대답해야 할지 알 수 없었다. 위기감에 조바심 내지 않고서 복음을 믿는 것이 어떻게 가능한가?

예수님 없이 사는 사람들의 상태를 잘 모르기 때문에 많은 그리스도인이 영원을 위해 자기 인생을 헌신하지 못한다. 이 순간이 얼마나 절박한 순간인지, 우리 인생으로 무엇을 할지 결정하는 것이 얼마나 중요한지 깨닫지 못한다.

어쩌면 우리는 단지 이런 질문에 대한 올바른 신학적 해답은 알고 있지만 그 참된 의미에는 무뎌진 것인지도 모른다. 그러나 나는 사실상 많은 이가 마음 깊숙한 곳에서는 예수님만이 천국에 들어갈 수 있는 유일한 길이라는 확신이 없는 것은 아닌가 의심이 든다. 우리는 이렇게 묻는다. 어떻게 하나님은 한 번도 소식을 들을 기회가 없었던 사람들에게 책임을 물으실 수 있는가?

마음 깊은 곳에서는 불공평하다고 생각한다. 하나님은 과연 누군가 죽어 가는 그 순간 곁에 나타나셔서 이렇게 말씀하시는 것은 아닐까? "아하! 넌 예수를 믿지 않았구나!" 그러면 그 사람이 "예수님이 누구죠?"라고 말하고, 하나님은 "이미 너무 늦었지!"라고 말씀하시는 장면을 떠올리는 것이다. 그런데 하나님께서 그런 사람들을 지옥으로 보내실 때 그들은 뒤돌아보며 부르짖는다. "예수를 들어 본 적이 없는데…." 그러면 하나님은 "딱하기도 하지." 하고 라틴어나 다른 언어로 중얼거리신다. 이렇게 생각한다면 참 불공평해 보인다.

그래서 우리는 조용히 다른 길이 있지도 않을까 생각한다. 하나님은 여러 기준을 가지고 점수를 매기실지 모른다. 나는 많은 그리스도인이 자신을 정통 신조를 따르는 신자라고 말하지만, 사실상 (어떤 종교에 속했든 신실한 사람은 천국에 간다고 믿는) 보편 구원론자일 것이라고 생각한다.

사도 바울도 이 문제로 고민했던 것 같다. 로마서에서 여러 장을 할애하여 이 질문에 답하고 있기 때문이다. 로마의 그리스도인들에게 바울은 불편함과 옥살이와 고문과 죽음이라는 대가를 지불할지라도 어째서 복음을 로마뿐 아니라 땅끝까지 전하려고 하는지 설명한다.

복음을 한 번도 듣지 못했더라도 어차피 천국에 갈 사람들에게 복음을 전하기 위해 이 모든 일을 감수한다는 것은 믿기 힘들다. 그래서 바울은 어째서 땅끝까지 복음을 전파하기 위해서라면 무슨 일이든 해야 하는지 설명한다.

여기서 나는 당신에게 바울이 설명한 논리를 정리해주고자 한다. 이 논리에 비추어 그리스도가 없는 사람들을 향해 당신이 보여야 하는 유일하게 적절한 반응은 인생을 사로잡을 만한 위기감이라는 사실을 보여 주고자 한다.

영원한 세계관의 여섯 가지 전제[63]

전제 1: 모든 사람이 하나님에 대해 들었지만 하나님을 거부했다.

사실상 하나님을 전혀 모르는 사람은 없다. 로마서 1장에서 바울은 이렇게 쓴다.

"하나님의 진노가 불의로 진리를 **막는** 사람들의 모든 경건하지 않음과 불의에 대하여 하늘로부터 나타나나니 이는 하나님을 알 만한 것이 그들 속에 보임이라 하나님께서 이를 그들에게 보이셨느니라 창세로부터 그의 보이지 아니하는 것들 곧 그의 영원하신 능력과 신성이 그가 만드신 만물에 분명히 보여 알려졌나니 그러므로 그들이 핑계하지 못할지니라"(롬 1:18-20).

모든 사람이 하나님에 대해 들었다는 바울의 주장은 "막는"이라는 표현에서 그 본질적인 내용을 드러낸다. 막는 것은 모르는 것과 다르다. 진리라는 사실을 본성적으로 알고 있지만 거부할 때 쓰는 표현이다.

하나님의 권위, 영광, 거룩함에 대한 진리는 우리 모두에게 명백하며, 창조 세계의 영광과 우리 마음의 본성이 이를 증거한다.

문제는 우리 마음의 방향이 '경건하지 않음'(하나님을 미워하는 태도)과 '불의'(다른 사람을 대하는 자기중심적인 태도)를 향한다는 데 있다. 그래서 우리는 창조 세계나 우리 양심의 증거를 달가워하지 않는다. 사실이 아니었으면 하는 것이다. 하나님의 영광에 관한 진리는 우리 자신의 영광을 향한 우리 욕심과 충돌한다. 하나님의 거룩하심과 우리가 선하다는 느낌은 충돌한다. 그리고 하나님의 권위와 원하는 것이라면 무엇이든 얻으려는 우리 욕망은 충돌한다.

따라서 우리는 우리 마음이 본성상 알고 있는 진리를 막는다.

이 '막음'은 세 가지 형태 중 하나로 나타난다.

1. 우리는 우리가 아는 진리를 **거역**한다. 바울은 유대인을 예로 든다. 그들은 십계명을 알았지만 아무도 실제로 지키지 않았다. 모두가 크든 작든 자기 길로 돌아갔다.
2. 우리는 우리가 인지하는 진리를 **왜곡**한다. 우리는 하나님을 우리가 관리하고 조작할 수 있는 신으로 탈바꿈시킨다. 바울은 이를 거짓 종교의 탄생으로 설명한다. 우리는 죄악 되고 우리 이익에 이바지하는 세속 종교철학과 신을 혼합한다.
3. 우리는 진리 자체를 **부정**한다. 우리는 무신론이나 불가지론 같은 하나님이 없는 철학을 만들어 낸다. 항상 이를 '막음'으로 인지하지는 않는다. 아집 가득한 사람이 자신이 싫어하는 사람을 싫어할 이유를 찾아내듯이 우리는 하나님을 믿지 않아도 될 여러 이유를 찾는다. 아마 이렇게 말할지도 모른다. "하지만 무신론자들은 진심으로 지성을 다해 신이 없다고 믿던데요." 바울은 이렇게 답할 것이다. "물론이죠. 하지만 그들의 지성이 그 사실에 확신을 가질 수 있는 이유는 그들의 마음이 그것을 진리로 받아들이고자 해서죠." 인종 차별주의자가 다른 인종이 자기 인종보다 열등하다고 믿을 수 있는 증거를 계속해서 발견한다고 상상해보라. 그 증거를 받아들이는 그의 지성은 마음의 미움에 의해 움직인 것이다. 우리도 하나님을 향해 이런 모습을 보인다. 우리 마음은 보고 싶은 것

만 본다.

하나님을 아는 지식에 그 누구도 완전히 무지할 수는 없다. 우리는 모두 하나님을 아는 감각을 가지고 태어난다. 우리는 도덕적 책임감이라는 감정이나, 의미와 영원한 것을 향한 초월적 열망을 통해 이를 알 수 있다. 이런 갈망은 보편적이다. 피조 세계의 복잡함과 아름다움은 우리에게 그 뒤에 존재하는 하나님의 힘과 위대하심을 느끼게 한다. 우리가 하나님의 이름을 한 번도 들어 보지 않을 수는 있어도 우리 마음은 본성적으로 하나님이 존재하신다는 사실을 안다.

헬렌 켈러는 시각과 청각, 언어 장애를 가지고 태어났다. 인생에서 첫 몇 해 동안 그녀는 칠흑같이 어둡고 고요한 방에서 살아가는 것 같았다. 잘 알려져 있다시피 앤 설리번 선생님이 그녀의 의사소통을 도와줄 책임을 맡는다. 수년간 함께 노력한 결과 켈러는 설리번이 손을 눌러 알려 준 일련의 수화로 의사소통을 할 수 있게 되었다. 켈러가 10대가 되었을 때 설리번은 그녀에게 하나님에 대해 알려 주고자 했다. 하나님을 설명하려고 하자 켈러는 아주 흥분하면서 설리번의 손바닥에 썼다. "오, 선생님, 그 존재를 그렇게 부르는 거군요? 존재하신다는 사실은 항상 알고 있었어요. 단지 이름을 몰랐을 뿐이에요."[64]

문제는 우리 안에서 역사하시는 하나님의 은혜가 없다면 우리 중 그 누구도 하나님이 존재하시기를 원하지 않는다는 것이다. 적어도 우리 삶을 하나님의 영광과 권위를 위해 바치고 싶어 하지는 않을 것이다. 어느 철학자가 말했듯이 말이다. "우리는 안다. 그런데도 우리는 모른다. 왜냐하면 알고 싶지 않기 때문이다."[65] 인류 전체는 하나님에 관한 진리를 알기 거부한다. 왜냐하면 그 진리가 우리에게 요구하는 것이 마음에 들지 않기 때문이다.

전제 2: 하나님은 모든 사람을 합당하게 정죄하셨다.

바울은 말한다. 만약 우리가 거역하고 왜곡하고 부정하면서 하나님을 아는 지식을 막았다면 우리는 하나님의 진노를 받기에 합당하다. 그렇지 않은가? 만약 우리가 의지적으로 하나님의 얼굴을 향해 주먹을 들고 "왕좌에서 물러나시오! 내가 앉아야겠소!"라고 소리친다면 진노 외에 무엇을 기대할 수 있단 말인가?

바울은 우리가 한 번도 이런 말을 입 밖에 낸 적은 없어도, 우리가 인생에서 어떤 선택을 하느냐가 하나님에게 그렇게 표현하는 것이라고 말한다. 대항이든 곡해든 거부든, 우리가 진리를 막는 것은 하나님의 영광과 권위에 대한 우리 마음의 미움에 뿌리를 내리고 있다.

보다시피 우리는 모두 죄인이다. 그 이유는 우리가 알지 못해서가 아니라 알고 있지만 거부했기 때문이다.

또는 이런 식으로 표현할 수도 있다. 하나님은 예수님을 들어 본 적이 없다는 이유로 사람을 정죄하시는 것이 아니다. 그분은 마음으로 알고 있으면서도 하나님을 아는 지식에 대항하고 그것을 곡해하고 받아들이길 거절하는 사람들을 정죄하시는 것이다.

하나님은 알아볼 수 없는 모습으로 침대맡에 갑자기 나타나시는 분이 아니다. 바울은 우리 모두 하나님을 어떻게 불러야 할지 모를지라도 그의 존재는 알고 있다고 주장한다. 장차 그분을 뵙게 된다면 우리는 그토록 미워하고 거부했던 권위가 그분의 것임을 알 수 있을 것이다.

바울은 인류에 대해 분석한 후 다음과 같이 결론짓는다.

"다 치우쳐 함께 무익하게 되고 선을 행하는 자는 없나니 하나도 없도다"(롬 3:12).

이 말에 충격을 받길 바란다. "하나도 없도다."

우리는 다음과 같이 질문한다. "마음과 영혼이 순수한, 저 멀리 있는 외딴섬에 사는 원주민은 하나님에 대해 한 번도 들어 본 적이 없을 텐데 어떡하죠?"

하나님은 이렇게 답하신다. "하나도 없도다."

인류로 태어난 사람 중 한 사람도 의롭거나 하나님을 기쁘시게 하는 마음을 가지고 태어나지 않았다. 딱 한 사람만 제외하고 말이다. 그분이 우리의 다음 전제이시다.

전제 3: 하나님은 은혜로 모두를 위한 구원의 방법을 마련하셨다.

하나님은 우리를 어둠과 죽음, 그리고 고독 가운데 내버려 두실 수 있었다. 그렇게 하셨더라도 완전히 공의로우셨을 것이다. 하나님은 우리를 반항과 증오로 마음이 꼬여 있는 채로 내버려 두실 수 있었다.

그렇게 하실 수 있었지만 그러나 그렇게 하지 않으셨다.

하나님은 그리스도 안에서 이 땅에 오셔서 우리가 살았어야 할 그 죄악 된 인생을 사셨고, 우리가 죽기로 되어 있던 그 죽음을 죽으셨다. 예수님은 우리 죄를 짊어지시고 우리가 구원 얻을 수 있도록 당신의 의를 주셨다. 그리고 이를 선물로 받아들이는 모든 사람이 얻을 수 있도록 열어 두셨다.

> "이제는 율법 외에 하나님의 한 의가 나타났으니 율법과 선지자들에게 증거를 받은 것이라 곧 예수 그리스도를 믿음으로 말미암아 모든 믿는 자에게 미치는 하나님의 의니 차별이 없느니라"(롬 3:21-22).

이는 온전히 은혜로 말미암은 것이라고 바울은 말한다. 값없이 의롭다 함을 받은 것이다(롬 3:24-26). 구원은 하나님께 올바르게 반응한 것에 대한 보상이 아니다. 이 은혜를 전혀 받을 자격이 없다는 사실을 깨달은 이들에게 하나님께서 주시는 은혜의 행위다.

전제 4: 사람들이 이 선물을 받아들이려면 그것에 대해 들어야 한다.
이것이 바울이 주장하는 핵심이다. 그는 이렇게 쓴다.

"그런즉 그들이 믿지 아니하는 이를 어찌 부르리요 듣지도 못한 이를 어찌 믿으리요 전파하는 자가 없이 어찌 들으리요"(롬 10:14).

예수님을 믿고 구원을 얻으려면 누구라도 예수님에 관해 들어야 한다. 마르틴 루터가 언젠가 말했던 것과 같다. "예수님께서 천 번을 죽으신들 아무도 그분에 대해 듣지 못한다면 아무 소용 없다." 또, 칼 헨리(Carl F. H. Henry)의 말을 빌리자면 이렇다. "복음은 제때 전달되어야만 좋은 소식이다."[66]

당신은 아마 이렇게 말할지도 모르겠다. "그런데 누군가 예수님에 대해 한 번도 들어 본 적이 없는데 피조 세계를 통해, 또는 양심을 통해, 또는 타 종교의 선하고 참된 부분을 통해 하나님을 올바르게 보았다면 어떻게 되나요? 피조 세계의 탁월함에 경외감을 느끼고 하늘을 우러러보며 이렇게 말하면 어떻게 되나요? '하나님, 아니면 하늘에 있는 위대한 영이시여, 당신이 누구신지 잘 알지는 못하지만 당신을 알고 싶습니다. 그리고 당신에게 항복합니다.'라고 고백한다면 충분할까요?"[67]

문제는 우리 중 그 누구도, 앞서 살펴보았듯이 하나님의 은혜를 벗어나서는 하나님을 아는 지식에 이런 방식으로 반응할 수 없다는 것이다.

그런데 흥미롭게도 성경은 누군가 하나님에 대해 올바르게 반응하기만 한다면 하나님께서 그들에게 복음의 나머지 부분도 알려 주신다는 것처럼 말한다. 예를 들어 사도행전 10장의 고넬료 이야기를 통해 이런 예를 본다.

> "가이사랴에 고넬료라 하는 사람이 있으니 이달리야 부대라 하는 군대의 백부장이라 그가 경건하여 온 집안과 더불어 하나님을 경외하며 백성을 많이 구제하고 하나님께 항상 기도하더니 하루는 제 구 시쯤 되어 환상 중에 밝히 보매 하나님의 사자가 들어와 이르되 고넬료야 하니 고넬료가 주목하여 보고 두려워 이르되 주여 무슨 일이니이까 천사가 이르되 네 기도와 구제가 하나님 앞에 상달되어 기억하신 바가 되었으니 네가 지금 사람들을 욥바에 보내어 베드로라 하는 시몬을 청하라"(행 10:1-5).

먼저, 만약 복음을 듣는 것과 무관하게 구원이 가능하다면 고넬료는 분명히 구원받을 조건을 갖추었다. 그는 자기에게 주어진 계시에 긍정적으로 반응했다. 그러나 하나님께서 그에게 보내신 천사는 그에게 "이미 구원받았다"고 선포하지 않았다. 오히려 베드로에게 사람을 보내어 그가 구원 얻는 길에 대해 들을 수 있게 하라 하셨다고 했다.

베드로는 고넬료에게 그가 숨겨진 믿음을 가진 '무명의 그리스도인'[68]이기에 구체적인 부분들만 채우면 된다고 말하지 않았다. 오히려 그는 고넬료에게 이렇게 말한다. "그에 대하여 모든 선지자도 증언하되 **그를 믿는** 사람들이 다 **그의 이름을 힘입어** 죄 사함을 받는다 하였느니라"(행 10:43). 고넬료는 그 후에야 믿었고, 그래서 구원을 얻었다(행 10:44).

이 장은 믿음으로 구원을 얻으려면 복음을 반드시 들어야 한다는 것을 재확인해준다. 그러나 어딘지 알 수 없는 곳에서 누군가 자신이 가진 지식만으로 하나님께 바르게 반응하도록 하나님께서 일하셨다면, 하나님은 누군가를 일으켜 세워 나머지 메시지를 그들에게 전하도록 하시리라는 사실도 말해준다.

전제 5는 여기서 연결된다.

전제 5: 그들이 복음을 들을 수 있게 할 사람은 바로 우리다.

바울은 이렇게 쓴다.

"전파하는 자가 없이 어찌 들으리요 보내심을 받지 아니하였으면 어찌 전파하리요"(롬 10:14-15).

그들이 복음을 들을 유일한 방법은 '전파하는 자'를 통해서다. 그리고 '전파하는 자'는 메시지를 맡은 우리 같은 사람이다.

사도행전 전체에 걸쳐 복음이 전파되는 대목마다 볼 수 있는 것은 사람의 입을 통해서만 복음이 전파된다는 것이다. 심지어 (고넬료의 경우처럼) 천사가 전하는 것이 더 쉬운 경우에도 그랬다.

생각해보라. 어째서 천사가 고넬료에게 직접 가서 나머지 메시지를 전하지 않은 것일까? 아무래도 천사가 복음을 전하는 것은 '반칙'이었던 모양이다. 하나님은 타락한 인류를 위한 구원의 복음을 오직 다른 사람의 입을 통해서만 전파하신다. 그렇기에 천사는 고넬료에게 베드로를 보내 그 일을 마무리 짓도록 했다.

이제 진짜 신나는 부분이다. 하나님의 성령은 온 세계에 있는 고넬료와 같은 이들의 마음을 휘저어 놓으신다. 그들이 죄를 깨닫게 하시고, 그 마음에 하나님을 알고자 하는 갈망을 불어넣으신다. 때로 그분은 천사가 메시지를 전하게도 하시고 꿈이나 환상을 보여 주셔서 어떻게 해야 하나님을 찾을 수 있는지 알려 주신다. 그러나 그들은 우리를 통해서만 참된 복음의 메시지를 들을 수 있다.

여기까지 생각하면 이런 질문이 생긴다. "만약 하나님께서 당신을 이곳으로 옮기신 이유가 거기 있는 누군가를 위해 당신을 보내시기 위해서라면?"

이렇게 묻는 이유는 나도 '고넬료'를 만난 적이 있기 때문이다.

나는 대학을 졸업한 직후 2년 동안 동남아시아에서 선교사로 지냈다. 거기서 처음 알게 된 사람 중 한 명은 '이스마엘'이었다. 그는 나의 친구가 되어 주었고 내게 지역 언어와 문화를 가르쳐 주었다.

내가 이제까지 알았던 사람 중 가장 호의적인 사람이었다. 그는 지역 모스크에서 청소년 사역자로 자원하여 섬기고 있었다.

나는 적어도 열두 번 이상 이스마엘에게 복음을 전했다. 그러면 매번 그는 내 어깨에 손을 얹고 이렇게 말했다. "형제여, 자네는 정말 대단한 믿음의 사람이야. 그리고 자네가 하나님을 향해 가진 열정을 당신 부모님은 아주 자랑스러워하시겠지. 자네가 그리스도인인 이유는 그리스도인으로 태어났기 때문이야. 내가 무슬림인 이유는 무슬림으로 태어났기 때문이지. 이슬람이야말로 신이 나를 위해 준비하신 길이라네."

미국으로 돌아오기 한 주 전, 나는 마지막으로 그를 만나 구원으로 부르시는 예수님의 특별한 선포를 다시 한번 고려해보라고 간청했다. 그는 여느 때처럼 반응했다. "이슬람이야말로 신이 나를 위해 준비하신 길이라네."

내가 떠나는 날 이스마엘이 예고 없이 우리 집에 나타났다. 그는 내게 어떤 생각이 들었노라고 말했다. 우리의 마지막 대화 후에 그는 내가 한 말을 잊을 수가 없었다고 했다. 그는 이렇게 말했다. "그 말들은 내 가슴을 커다란 무게로 짓눌렀어."

그는 그날 밤에 본 환상을 알려 주었다. 그는 꿈에서 자기 앞에 펼쳐진 길을 보았다. 그 길은 천국으로 향하고 있었다. 그리고 놀랍게도 내가 그 길 위에 있었다는 것이다(사실 내가 그 길 위에 있었다는 사실을 너무 놀라워하며 말하길래 살짝 마음이 상할 뻔했다!).

그는 내가 천국 문으로 걸어 올라가는 걸 보았다. 그러나 문은 닫혀 있었다.

"그런데 말이야, 천국 안에 있는 사람 중 하나가 네 이름을 알더라고!" 문이 열렸고, 그는 내가 그리로 들어갔다고 말했다.

"그리고 내 가슴은 미어졌네. 자네와 같이 들어가고 싶었거든. 그런데 문이 다시 열렸어. 그리고 자네가 다시 땅으로 내려오더니 내게 손을 내밀어 나를 자네 등에 업고는 천국으로 데리고 갔어."

그는 나를 쳐다보더니 이렇게 말했다. "처음에는 '이상한 생선'이라도 먹어서 이런 꿈을 꿨다고 생각했어." 진짜다. 그는 정말 이렇게 말했다. "그런데 그렇게 꾸는 꿈은 이미 너무 많이 꿔 봤기 때문에 그게 아니란 걸 알 수 있었네. 이 꿈은 하나님께서 주신 것이었어! 자네도 그렇게 생각하나? 내 꿈이 의미하는 바가 무엇이라 생각하나?"

참고로 나는 '꿈과 해석'에 관한 가르침을 제공하지 않는 전통적인 침례교회에서 컸다. 그러나 그 순간 정확히 무슨 말을 해야 하는지 알았다는 사실을 전하게 되어 기쁘다.

나는 그에게 예수님만이 길이요 진리요 생명이라고 설명했다.

슬프게도 그는 여전히 그 사실을 믿을 수 없어 했다. 그가 믿기에는 너무 무리였다. 그리고 내가 알기로 그는 지금까지 신앙을 가지지 못했다. 그의 가족 중 몇 명이 그로부터 몇 년이 지난 2004년 동남아시아에서 발생한 쓰나미로 죽게 되었지만, 그는 목숨을 건

졌다. 나는 그 후로도 몇 번이나 그를 찾아보았다. 언젠가 그를 예수님께로 인도할 기회가 생겼으면 한다. 나를 위해 기도해주어도 좋다.

하지만 그가 이어서 했던 말은 나를 영원히 쫓아다녔다: "나는 이 꿈이 자네를 하나님께서 보내셔서 나를 구원의 길로 인도하라고 하셨다는 의미인 것을 알겠어. 내가 그 길을 찾을 수 있도록 도우라고 말이야. 하지만 자네는 집으로 가잖아. 자네는 내가 아는 유일한 그리스도인이야."

이 세상에는 하나님께서 그 마음을 휘젓고 계시는 고넬료들이 있다. 그러나 그들은 우리 중 한 명의 증언을 통해서만 신앙을 가질 수 있다. 어쩌면 지금 이 순간 하나님께서 당신의 마음을 흔드시는 것이 이 이유 때문인지도 모른다. 어쩌면 그것이 이 책을 집어 들게 된 이유인지도 모른다. 여기서 다음 전제로 이어진다.

전제 6: 이 임무는 긴급하다.

이 문제의 핵심은 이것이다. **만약 이 복음이 참되다면 우리는 어떻게 살 것인가?**

왜냐하면 이것이 현실이기 때문이다. 지구상에 사는 사람들 중 오직 3분의 1만이 자신을 그리스도인이라 주장한다. 그 말은 45억 명은 틀림없이 죽게 된다는 의미다. 그중 거의 절반이 '미전도 종족'으로 분류된다. 다시 말해, 죽기 전까지 실질적으로 복음을 들을 기회가 전혀 없다는 뜻이다.

만약 당신이 이들을 다섯 명씩 한 줄로 세운다면 지구를 다섯 번 두를 수 있다. 머릿속으로 그림을 그려 보라. 엄청난 인파, 이제까지 본 적이 없는 많은 사람이 절망의 미래를 향해 전진하고 있는 그림을 말이다.

45억이다. 이 숫자를 단지 수치로만 읽지 않기를 바란다.

스탈린은 우리가 "한 사람의 죽음은 비극으로 듣지만 수백만의 죽음은 단지 통계상의 수치로 여긴다."고 말했다. 소름 끼치는 말이지만, 그가 의미한 바는 우리가 자신과 같은 한 사람이 고통당한다고 여길 때 더 공감하게 된다는 것이다. '백만'이나 '억'으로 표현할 때 우리는 그들을 그렇게 느끼지 못한다.

그러나 이 수십억의 사람들 한 명 한 명은 당신과 나 같은 사람이다. 그들은 하나님의 형상으로 만들어졌다. 그들은 꿈과 두려움과 소망을 가진 이들이다. 외로움이 무슨 의미인지 아는 이들이다. 그들은 아마도 그들 부모에게 사랑받은 이들일 것이다. 지옥에 가는 것이 당신과 내게 비극인 것처럼 그들에게도 마찬가지다.

이 실재가 당신에게 요구하는 바가 있지 않은가?

하나님은 이들을 너무나 사랑하셔서 그들을 위해 죽음도 마다하지 않으셨다. 우리는 그들을 사랑하는가? 그리고 그들에게 그분을 알려 줄 만큼 그분을 사랑하는가?

우리는 참으로 빚진 자들이다

사도 바울은 복음을 전하는 데 인생을 바친 이유가 복음을 듣지 못한 자들에게 자신이 빚진 자이기 때문이라고 말했다(롬 1:14).

빚진 자라는 단어는 흥미로운 표현이다. 바울은 그들을 만난 적도 없다. 그런데 어떻게 그들에게 빚졌다고 느낀단 말인가?

누군가에게 빚지는 데는 두 가지 방법이 있다. 만약 당신이 그들에게 무언가 빌린다면 그들에게 빚지는 것이다. 또 한 가지 빚지는 경우가 있는데, 누군가 그들에게 주라고 당신에게 무언가를 맡긴 경우다.

예를 들어 당신이 어린이 자선 단체에서 일하고 있는데 1백만 달러의 후원을 받았다고 하자. 그런데 당신은 그 돈을 아이들을 먹이는 데 쓰지 않고, 당신 계좌에 넣어 두고 그 이자를 가지고 살았다. 누군가는 이렇게 말할 것이다. "그건 **도둑질**이에요. 그 돈은 당신을 위해 쓰라고 당신에게 준 게 아니에요. 그 돈은 **그들을** 위해 쓰라고 준 거예요."

이것이 바로 바울이 복음에 대해 느꼈던 것이다. 바울은 자신이 누구보다 복음을 들을 자격이 없는 자라는 것을 알았다. 그는 다른 이들과 마찬가지로 하나님을 거부한 자였다. 하나님께서 그를 은혜로 택하신 것은 자격 없는 자에게 주신 특권이었다. 이 특권 덕분에 다른 이들에게 복음을 전해야 하는 책임감이 생긴 것이다.

이는 내 친구 데이비드 플랫(David Platt)이 말한 것과 같다. "천국 이쪽 편에 있는 모든 구원받은 사람은 누구든지 지옥 저쪽 편에 있는 구원받지 못한 사람들에게 복음을 **빚지고** 있다."

여러 해 동안 나는 복음의 '공평성'으로 인해 힘들어했다. 복음을 들어 본 적이 없는 사람들을 정죄하시는 하나님이 불공평해 보였다. 그러나 로마서가 내게 알려 주었다. 우리가 받은 정죄는 공평하다고 말이다. 공평하지 않은 것은 하나님의 은혜를 알고 있는 우리가 그 은혜를 아직 모르는 이들을 위해 아무것도 하지 않고 있다는 점이다.

한 번도 복음을 들어 본 적이 없는 사람들을 위해 모든 일을 행하신 하나님에 관한 메시지를 그렇게나 많이 듣고도 아무것도 하지 않는 우리가 불공평한 것이다.

한 학생이 찰스 스펄전(Charles Spurgeon)에게, 이 장에서 우리가 살펴본 질문처럼 한 번도 예수님을 들어 본 적이 없는 사람들도 구원받을 수 있느냐고 물었다.

"아주 곤란한 문제죠." 스펄전이 말했다. "하지만 더 곤란한 건 우리가 과연 복음을 알고 있느냐는 것과 그 복음을 가지고 구원받을 수 있었던 잃어버린 이들을 되찾기 위해 아무 일도 하지 않는다는 거죠."

이제 우리에게 남은 것은 무엇인가? 나는 두 가지가 요구되고 있다고 생각한다.

먼저, 당신 인생에 있는 사람들을 위해 보냄받은 자로 살라. 사도행전 17장에서 바울은 땅끝에 거하는 사람이라도 복음을 들을 수 있도록 하나님께서 사람을 보내신다고 말한다. 다시 말해 당신이 어디 살든지, 어디서 일하든지, 누구를 알든지 모두 우연이 아니라는 것이다. 하나님께서 이를 정하셔서 복음을 들을 필요가 있는 사람들을 당신 주변에 두신 것이다.

당신이 예수님에 대해 전하기 전에는 그들이 예수님을 믿을 수 없다. 하나님은 당신을 그분의 대사로 삼으셔서 그분이 사랑하시는 귀한 사람들에게 보내셨다. 그들이 실망하게 하지 말라.

두 번째, 경계를 넘어야 할 수도 있다는 사실을 알라. 룸메이트, 직장 동료, 조기축구회 회원에게 복음을 전하는 것은 가장 쉬운 방법이다. 그러나 한 번도 복음을 들어 본 적이 없는 사람들에게 복음이 전파되려면 누군가는 경계를 넘어야 한다. 그리고 경계를 넘는 것은 언제나 불편하고 부자연스러운 일이다.

하지만 당신과 내가 오늘 복음을 가진 유일한 이유는 누군가 그 불편하고 부자연스러운 문화적 경계를 넘어 우리에게 복음을 가져다주었기 때문이다. 복음은 처음에 우리말로 되어 있지 않았다. 경계를 넘었던 형제자매들로 인해 하나님께 얼마나 감사한지. 그들은 예루살렘에서부터 땅끝까지 복음을 전하기 위해 목숨을 걸어야 했다! 그들이 없었다면 당신과 나는 지금 어디에 있을까?

이에 대한 대답은 물론 다음과 같다.

전해야 할 당신이 없는, 수십억 명의 사람이 현재 처해 있는 바로 그곳이다.

혹시나 하나님께서 당신을 부르셔서 지리적, 문화적 경계를 넘어 당신과는 다른 사람들에게 복음을 전하라고 하셨는지 여쭈어 보았는가? 그곳은 다른 도시일 수도 있고 어쩌면 지구 반대편일 수도 있다.

물론 서방에서도 아직 수많은 사람에게 예수님이 필요하다. 그러나 내가 사는 도시인 노스캐롤라이나주 롤리에 있는 어떤 사람이 복음에 관해 듣고 싶다면 그는 이곳에 있는 2천 개가 넘는 교회 중 하나에 가면 된다! 또는 라디오, TV, 인터넷의 수많은 복음 프로그램을 틀어 듣기만 하면 된다. 기독교 서적은 거의 모든 서가에서 찾아볼 수 있으며 기독교 영화는 정기적으로 동네 영화관에서 상영된다.

그러나 이와 동시에 20억 명이나 되는 사람들은 오늘 밤 복음을 듣고 싶어도 들을 수 없는 곳에서 잠들 것이다.

물론 당신은 '가기 위해' 부르심을 받아야 한다. 그러나 여기 또 다른 측면이 있다. **당신은 머물기 위해서도 부르심을 받아야 한다.** 당신이 어디 있든지 당신은 그곳으로 부름받았으며, 그곳으로 '보냄'을 받았다고 여겨야 한다. 단순히 산술적으로 보더라도 수많은 곳에 복음이 결핍되어 있는데 여전히 복음이 가득한 곳에 거하도록 부름받았다는 것을 증명해야 할 부담은 우리에게 있다.

8장 꼭 복음을 들어야 천국에 가는가?

서구 역사상 가장 위대한 선교 운동이었던 학생자원운동(SVM)은 이런 사실을 자각하면서 시작되었다. 한 해 동안 이 운동은 지난 세기 미국에서 파송된 선교사보다 더 많은 선교사를 양산했다. 로버트 와일더(Robert Wilder)는 이 운동의 리더 중 한 명으로, 우리는 "하나님께서 우리를 부르시기 전까지는 머물겠습니다."라고 말하는 대신에 "하나님께서 우리를 멈추시기 전까지 계속 가겠습니다."라고 말해야 한다고 했다.

현재 내가 그렇듯이 만약 당신도 머무르라는 부르심을 받았다면, 나가는 이들과 마찬가지로 당신의 모든 것으로 지상 사명에 헌신하라. 존 파이퍼는 지상 사명에 관해 오직 세 가지 선택지만 가능하다고 말했다. 가든지, 보내든지, 불순종하든지. 그리고 보내는 자로 부름받은 이들은 보냄받은 이들과 동일하게 모든 것에 헌신해야 한다.

윌리엄 캐리는 18세기 말 인도로 떠나기 전에 잉글랜드 침례교도들에게 유명한 말을 남겼다. **"나는 여러분의 대표로 인도에서 밧줄에 매달려 있을 겁니다. 여러분은 그 밧줄 반대편 끝을 안전하게 붙들어야 합니다."**

당신이 가진 자원, 네트워크, 기회를 영원의 렌즈를 끼고 살펴보라. 그리고 여쭈어 보라. "하나님, 어째서 이것들을 제게 주셨습니까?" 그리고 복음의 영향력을 극대화하기 위해 그 모든 것을 활용하라.

인생은 한 번뿐이다. 안개 같은 이 인생을 극대화할 기회는 한 번뿐이다. 낭비하지 말라.

탁자 위에 "예"를 올려 두었는가?

매년 새해가 되면 아내와 나는 한 주 휴가를 내어 이 한 해 동안 우리가 미국에 남기를 바라시는지 아니면 세계 다른 지역으로 복음을 들고 떠나기를 원하시는지 하나님께 묻는다. 지금까지는 매해 하나님께서 "아니" 또는 "아직"이라고 답하셨다.

어쩌면 내년에는 "그래"라고 하실지도 모른다. 우리는 준비가 되어 있다. 우리의 "예"는 이미 탁자 위에 놓여 있다. 우리 부부는 하나님께서 우리를 지도 위 노스캐롤라이나주의 롤리든 인도네시아의 반둥이든 혹은 그 사이 어디에 두시든 준비가 되어 있다.

당신도 이 기도에 동참하겠는가? 이 결정은 절대 후회하지 않을 영향력을 미치게 되는 시작점이 될 수도 있다.

"중요한 것은 비평가들이 아니다. … 결정은 실제로 현장에 있는 사람에게 달려 있다. 그의 얼굴은 먼지와 땀과 피로 범벅이 되어 있다. 그는 치열하게 분투한다. 실수도 한다. 계속해서 부족함을 경험한다. … 그는 참으로 가치 있는 목적을 위해 자신을 사용한다. 잘되면 끝내 승리라는 큰 성취를 이룰 것이고 잘 안되어 혹 실패하더라도 위대한 모험 끝에 실패할 것이다. 그래서 그가 서 있는 자리는 승리나 패배를 알지 못하는 냉담하고 소심한 사람이 결코 설 수 없는 자리일 것이다."

― 시어도어 루스벨트(Theodore Roosevelt)

9장

그럴 가치가 있다

'골판지 간증'이라는 것을 본 적이 있는가? 간단히 말해 찬양이 울려 퍼지는 가운데 사람들이 골판지 한 장씩 들고 강단으로 올라가는 것이다. 한쪽 면에는 그리스도를 만나기 전의 삶이 한 문장으로 쓰여 있다. 예를 들어 이런 것이다.

"상처받고 고독했다."
"타인의 의견에 얽매였다."
"나를 혐오했다."

잠시 후 그들은 골판지를 뒤집는다. 거기에는 그리스도를 만난 후의 삶이 한 문장으로 적혀 있다.

"구원받고 새로운 소명을 받았다."
"자유를 얻었다."

"사랑받는 딸이 되었다."

내가 본 것 중 가장 인상 깊었던 간증은 한 여인의 것이었다. 그녀는 골판지 앞면에 "말기 유방암 진단을 받았다."라고 썼다. 그녀와 함께 강단에 올라온 나이 많은 남자는 "그녀를 진단한 무신론자 의사였다."라고 적힌 골판지를 들고 있었다.

그가 자신이 들고 있던 골판지를 뒤집었다.

"그녀가 고통 가운데 보여 준 기쁨을 통해 그리스도를 알았다."

이번엔 그녀가 뒤집었다.

"그럴 가치가 있다."

그럴 가치가 있다.

내 삶의 마지막 날에도 이 말을 할 수 있기를 진심으로 바란다.

우리는 시합에서 승리하기 위해 끝이 없어 보이는 고통의 시간을 이겨 낸 운동선수들을 존경하고 심지어 부러워한다. 나는 영화 "록키"(Rocky) 시리즈마다 록키가 코치의 온갖 힘겨운 훈련을 다 이겨 내고 링에서 어떤 매머드 같은 상대가 나와도 맞설 준비를 마쳤던 순간들이 그렇게 좋았다. 50센티미터가 넘게 쌓인 눈을 헤치며 달리고, 헛간 천장에 걸쳐 윗몸일으키기를 하고, 닭들을 쫓아다니고 하던 장면들은 볼 때마다 내게 영감을 주었다. 왜냐하면 그리스 신처럼 다듬어진 몸으로 링 위에 설 순간이 결국 온다는 것을 알고 있기 때문이다. 록키 테마곡이 흘러나오고 그는 망토를 벗어 던진다. 그러면 그 고통스러웠던 훈련의 순간순간이 그럴 가치가 있다는 사실을 깨닫게 된다.

우리는 학위를 따기 위해 새벽까지 깨어 공부하는 학생의 수고를 존중한다. 아니면 형언할 수 없는 '지옥의 일주일'의 고통을 이겨 내고 미국의 정예 전사가 된 해군 특수부대 요원을 존경한다. 우리는 자기 아이를 공부시키기 위해 직장을 두 개나 가지고 쉴 틈 없이 일하는 싱글맘의 헌신을 칭송한다.

우리는 안다. 아무리 힘겨워도 그 과정을 이겨 내면 반드시 결승점을 지나 승리를 쟁취하고는 "아깝지 않았어."라고 말할 때가 오리라는 사실을 말이다.

상상해보라. 가장 어두운 때를 분투하며 지날 때조차 인생의 목적에 사로잡혀서 소망으로 가득 찬 인생을. 인생의 모든 어려웠던 순간과 어두웠던 시기를 뒤돌아보며 "아깝지 않았어."라고 말하게 될 날을.

그의 손이 내 눈을 가리고 있어도
나는 내 선한 아버지를 믿을 수 있다

우리 교회에는 한 젊은 엄마가 있다. 그녀를 크리스틴이라고 하자. 그녀는 작년에 정기 시력 검사를 하러 갔다가 절망적인 소식을 들었다.

의사는 그녀에게 시력이 퇴행성 치료 불가 상태로 발전했고 5년 안에 시력을 잃을 것이라 말했다. 크리스틴은 대체 무슨 이유로 이렇게 된 것인지 알 수가 없었다! 그녀는 30대 중반이었고 네 명의 자녀가 있었다. 두 명은 친자녀였고 두 명은 입양한 자녀였다. 만약 의사가 말한 대로 일이 진행된다면 그녀는 아이들의 졸업식을 볼 수도 없을 것이었다.

의사를 찾아가기 두어 주 전에 크리스틴은 하나님께 한 해를 인도받을 구절을 달라고 구했다. 하나님은 고린도후서 4장 16-18절로 그녀를 인도하셨다.

"그러므로 우리가 낙심하지 아니하노니 우리의 겉사람은 낡아지나 우리의 속사람은 날로 새로워지도다 우리가 잠시 받는 환난의 경한 것이 지극히 크고 영원한 영광의 중한 것을 우리에게 이루게 함이니 우리가 주목하는 것은 보이는 것이 아니요 보이지 않는 것이니 보이는 것은 잠깐이요 보이지 않는 것은 영원함이라"(고후 4:16-18).

크리스틴은 그날 일기에 이렇게 썼다. "**하나님, 보이지 않는 것을 믿을 수 있도록 도와주세요. 내 눈과 생각과 감정을 잠시 있는 것에 고정하지 않고 영원한 것에 고정할 수 있도록 도와주세요. 모든 굽이굽이마다 당신을 의지하는 신앙을 원합니다. 그리고 당신께만 초점을 맞추는 눈을 원합니다.**"

그리고 그녀는 내게 이렇게 나눠 주었다.

진단을 받은 날 하나님께서 제 마음에 말씀하시는 진리를 들었어요. "우리는 보이는 것이 아니라 보이지 않는 것에 주목한단다. 보이는 것은 잠깐이고 보이지 않는 것은 영원하단다." 이것은 하나님께서 제게 주신 고난이 아니에요. 오히려 제게 청지기로서 맡으라고 주신 거예요. 예수님께서 눈먼 사람을 만났을 때 제자들에게 하셨던 말씀이 기억나요. 이 모든 것은 하나님의 일이 드러나기 위해 주어진 것이라고요.

하나님은 제게 이 고난 중에 당신을 더 많이 보여 주셨어요. 2019년

1월에 드렸던 기도를 돌이켜보면 하나님은 이 소식을 듣도록 저를 준비시키셨던 것 같아요. 이미 하나님은 이 진단을 통해 제 시야를 그분께 고정하도록 해주셨고, 그분을 의지하도록 해주셨으며, 제 영적 시야를 넓혀 주셨어요. 예수님은 내 삶을 스스로 살 수 있다고 생각할 때보다 고난 가운데 있을 때 비로소 더 달콤하고 소중하게 느껴지는 분이네요. 지금도 너무나 고통스럽지만 제 영적 시야가 육신의 시야보다 훨씬 더 소중하다는 사실을 계속해서 배워 가고 있어요.

저는 제 소망을 시야의 회복에 두지 않아요. 불가능하니까요. 저는 제 소망을 육신의 시야나, 운전할 수 있는 능력, 혼자 힘으로 걸을 수 있는 것, 네 자녀의 얼굴을 볼 수 있는 것보다 훨씬 더 귀한, 고통의 구원자 예수 그리스도께 둡니다. 영원의 빛 아래에서 다른 것들은 사소한 것에 불과해요.

진단받은 지 얼마 지나지 않았을 때 기도하다가 머릿속으로 환상을 하나 봤어요. 예수님은 저를 인도하고 계셨어요. 제 눈을 가리고요. 그곳은 제가 이제까지 본 적 없는 가장 아름다운 풍경이 있는 곳이었어요. 전망대에 도착하자 예수님은 제 눈을 가렸던 손을 거두셨어요. 바로 그때 저는 하나님께서 그분의 손이 제 눈을 가리고 있더라도 내 선한 아버지를 믿을 수 있다는 사실을 알려 주시고자 했다는 것을 알게 되었어요. 저는 이 땅에 사는 잠깐 동안 제 시력을 포기할 수 있어요. 왜냐하면 내 아버지는 내게 가장 좋은 것이 무엇인지 아시니까요. 그분은 언제나 내게 가장 좋은 것과 그분의 영광을 위해 일하시니까요. 그리고 보이는 것은 잠깐이지만 보이지 않는 것은 영원하니까요.

그럴 가치가 있다.

천국의 기립 박수

"그럴 가치가 있다."라는 확신은 첫 번째 순교자 스데반의 마음에 불을 질렀다.

스데반은 재판장으로 끌려가서 자기가 한 일을 해명해야 했다. 불쌍한 과부들을 돌보는 희생적인 그의 섬김으로 인해 많은 유대인 제사장이 그리스도를 믿는 신앙으로 돌아섰다. 성난 산헤드린 앞에서 스데반은 자신이 한 모든 일, 그리스도를 향한 예배의 행위였던 그 모든 일을 설명했다. 그리고,

"그들이 이 말을 듣고 마음에 찔려 그를 향하여 이를 갈거늘 스데반이 성령 충만하여 하늘을 우러러 주목하여 하나님의 영광과 및 예수께서 하나님 우편에 서신 것을 보고 말하되 보라 하늘이 열리고 인자가 하나님 우편에 서신 것을 보노라 한대 그들이 큰 소리를 지르며 귀를 막고 일제히 그에게 달려들어 성 밖으로 내치고 돌로 칠새 증인

들이 옷을 벗어 사울이라 하는 청년의 발 앞에 두니라 그들이 돌로 스데반을 치니 스데반이 부르짖어 이르되 주 예수여 내 영혼을 받으시옵소서 하고 무릎을 꿇고 크게 불러 이르되 주여 이 죄를 그들에게 돌리지 마옵소서 이 말을 하고 자니라"(행 7:54-60).

스데반이 본 환상에서 가장 특별한 부분은 그가 예수님께서 **서 신 것**을 보았다는 점이다.

예수님은 다른 곳에서는 언제나 하나님 우편에 **앉아 계신다**. 이는 아주 중요한 신학적 상징이다. 예수님께서 앉아 계신다는 것은 그분의 구원 사역이 완성되었다는 것을 의미한다. 그렇다면 대체 왜 예수님은 서 계셨던 것일까?

내 생각에 가능한 설명은 하나밖에 없다. 예수님은 그분의 아들에게 경의를 표하며, 집으로 돌아온 것을 환영하기 위해서 일어서신 것이다.

세상은 스데반을 반역자로 명명했고 야구공만 한 돌을 던지며 그 사실을 확실시했다. 그러나 예수님은 마치 참지 못하고 그러신 것처럼 두 발로 일어서서 말씀하시는 것이다. "아니다! 그는 나의 아들이다!" 그들은 조롱했다. "네 인생은 쓸모없어!" 예수님은 대답하신다. "잘하였도다. 착하고 충성된 종아!"

그리고 스데반은 천사의 얼굴처럼 밝게 빛나는 얼굴로, 견딜 수 없이 강한 확신이 자기 마음에 몰려옴을 느꼈을 것이다.

"그럴 가치가 있다."

이런 환상, 예수님께서 왕좌에서 일어나셔서 잘 왔다고 환영해 주시는 장면만이 당신에게 멀리 갈 힘을 줄 수 있다.

교회에서 때로 우리는 예수님을 우리 삶의 잃어버린 조각, 우리의 인도자, 어려울 때 우리를 도우시는 분으로 말한다. 물론 그분은 그런 분이다. 그러나 스데반이 보여 준 수준의 순종을 가능하게 하는 것은 오직 예수님께서 마지막 날 모든 것에 승리하시고 서 계신 것을 보는 환상이다.

당신은 마음을 정해야 한다. 예수님을 아는 것과 그분께 환영받는 것, 그 자체가 모든 것이 아깝지 않게 만드는지 아닌지 말이다.

만약 당신이 예수님 따르기에 진심이라면 그분을 향한 순종이 당신이 가려 했던 방향에서 180도 반대 방향으로 인도하는 경험을 할 때가 올 것이다. 그때 당신은 결정해야 한다. 그분께 순종하는 것이 다른 모든 것을 아깝지 않게 만드는지 말이다.

왕좌에서 당신이 집에 돌아오기를 기다리는 분은 누구신가?

우리 가족은 소중하다. 친구들은 축복이다. 우리의 꿈은 중요하다. 그러나 그 어떤 것도 우리를 왕좌에서 기다리지는 않는다. 따라서 어떤 것도 우리에게 인생을 바칠 만큼 가치 있지 않다.

오직 예수님만이 그 가치가 있으시다.

클라라

클라라는 중앙아시아의 외딴 지역으로 이주하여 우리 선교팀과 함께 일했던 젊은 여인이다. 5년 동안 그녀는 가난한 자 중에서도 가장 가난한 자들을 섬겼다.

2008년 1월 어느 날 밤 클라라는 무슬림 극단주의자들에게 납치당했다. 그들은 그녀를 위협으로 여겼다. 그녀는 무슬림 여자들을 교육했는데, 극단주의자들은 여자는 집 밖에서 쓰는 기술을 배워서는 안 된다고 믿었다. 무엇보다 클라라는 그리스도인이었다.

클라라는 미국 남동부의 아주 편안한 삶을 떠나와 매일같이 모래 폭풍이 이는 지역으로 온 것이다. 그곳은 창문에 충격 방지 필름을 붙여야 했는데 항상 폭탄 폭발 위험이 있었기 때문이다. 때로는 40도를 육박하는 기온에도 선풍기 한 대 돌릴 전기가 없었다. 거기서 그녀는 가끔 접속되는 인터넷을 통해 고향 소식을 들을 수 있었다.

그곳은 복음에 적대적인 무장 이슬람 단체가 아무 제재 없이 활동하는 지역이었다. 클라라가 이 모든 일을 했던 것은 그리스도께서 이 땅에 오셔서 그녀를 위해 더 큰 위험에 직면하셨음을 알았기 때문이었다. 그녀는 이 일을 기쁘게 감당했다.

우리 팀의 리더는 인질범들과 6개월 동안 협상했다. 그들은 클라라를 계속 이곳저곳으로 이동시켰다. 미합중국 특수부대가 몇 번이나 구출 작전을 시도했고 두 번 정도는 거의 구출할 뻔했다. 한 번은 클라라가 특수부대원들이 도착하기 직전 이웃집으로 도망간 적도 있었다. 또 한 번은 특수부대가 수색했던 집의 마루 밑에 숨은 적도 있었다. 자기를 구하러 온 사람들이 코앞에 있음에도 그들의 주의를 끌 수 없었던 그 상황을 클라라가 어떻게 느꼈을지 상상할 수밖에 없었다.

그녀가 납치당했다는 소식이 거리에 퍼지자 이슬람 극단주의자들의 남부 본거지에 거주하는 여인들이 분개했다. 한 번도 들어 본 적 없는 일이 일어났다. 300명의 여인이 지역 관료의 저택으로 가서 클라라의 석방을 위해 뭐라도 하라고 요구하기 시작했다. 이 여인들은 클라라의 사역으로 혜택을 입은 이들이었다. 그들은 아직 복음을 다 이해하지 못했지만, 그럼에도 그들은 클라라 안에서 그리스도를 보았다.

이 이야기가 해피엔딩으로 끝났다고 말하고 싶다. 하지만 결국 클라라에게 어떤 일이 일어났는지 알지 못한다. 그녀는 계속해서 이 마을 저 마을로 이송되었고 악질 이슬람주의자들에게서 또 다른 그룹으로 옮겨졌다. 우리가 마지막으로 들었을 때 그녀는 중앙아시아 사막에서 활동하는 무기 밀매꾼들의 손에 넘겨져 있었다.

그 후로는 그녀의 흔적을 찾을 수 없었다. 그녀가 살해됐는지 아닌지도 알 수 없다. 납치범들은 클라라가 그리스도인이기 때문에 죽일 거라고 말했지만 지금으로서는 그녀를 어디론가 끌고 갔다고 생각할 수밖에 없다. 여전히 증거도, 시신도 찾지 못했다.

납치범들과 협상했던 우리 팀의 리더에게 클라라가 신앙이 특별한 영웅이었느냐고 물었다. 그는 이렇게 답했다.

글쎄요. 어떤 면에서 이제야 그녀가 그런 사람이었다는 걸 알게 된 것 같네요. 하지만 그녀를 생각해보면 그냥 미국 남부에서 온 붙임성 좋고 잘 웃는 평범한 여자아이였어요. 날이 더우면 우리와 마찬가지로 힘들어했고, 휴가를 좋아했고 말이죠. 대체 무슨 일을 어떻게 해야 할지 알 수 없는 곳으로 예수님께서 부르셨기에 믿음으로 걸음을 내디뎌서 순종했던 평범한 미국인 여자아이였어요.
하나님의 은혜와 능력이 클라라를 통해 이곳 중앙아시아에서 놀라운 사역을 가능하게 한 것을 직접 봤어요. 공동체의 관심을 끌 수 있었던 것은 은혜였죠. 동일한 은혜와 힘이 그녀가 무슬림 극단주의자들에게 잡혀갔을 때도 있었으리라 확신해요.

그리고 그는 잠깐 멈추고 생각에 잠기더니 말을 이었다.

신앙은 곤경의 때에 드러나죠. 하지만 그 실재는 훨씬 이전부터 드러나요. 때로 믿음은 사랑 가운데 조용하고 겸손하게 일하는 것입니다. 그러나 그 동일한 믿음이 클라라같이 평범한 여자아이가 역사상 가장 극악무도한 정권 중 하나에 맞서서 이렇게 말하게 하죠. "아니

9장 그럴 가치가 있다

요, 그리스도가 더 귀해요. 당신들은 내 생명을 앗아 갈 수 있겠지만 그분을 앗아 갈 수는 없어요. 예수님께서 맡기신 사명은 우리 모두가 죽어도 지속될 거예요."

그럴 가치가 있다.

낭비한 인생인가, 아니면 가치 있는 인생인가?

당신이 극단적인 순종의 삶을 산다고 해서 모든 사람이 당신을 칭송하지는 않을 것이다. 당신이 사랑하고 신뢰하는 이들이 당신의 동기에 의문을 품을 것이다. 그리고 현 상황을 위협한다는 이유로 한 번도 예상하지 못했던 반대에 직면할 준비를 해야 할 것이다. 친구들로부터, 때로는 부모로부터, 신앙 공동체로부터 말이다. 어떤 이들은 그분에게 순종하는 것이 그들을 배신하는 일인 것처럼 행동할 것이다.

이것이 바로 왕좌 곁에 계신 그분, 본향으로 돌아올 당신을 서서 환영해주실 그분에게 당신의 눈을 고정해야 하는 이유다.

그분의 기립 박수가 그들의 비웃음보다 훨씬 더 귀하기 때문이다. 그분은 그럴 만한 가치가 있으신 분이다.

1904년 윌리엄 보든(William Borden)은 고등학교를 졸업했다. 그는 보든 가문의 부를 물려받을 상속자였다. 보든낙농회사는 당시 미국에서 가장 이익을 많이 내는 기업 중 하나였다. 덕분에 어린 윌리엄은 온 나라에서 가장 부유한 사람 중 한 명이 되었다. 그가 졸업할 때 그의 부모는 그에게 아주 비싼 졸업 선물을 선사했다. 바로 세계 일주였다.

그런데 그 여행에서 그의 부모가 전혀 예상하지 못한 일이 일어났다. 윌리엄은 이 세상이 겪고 있는 아픔에 압도되었다. 수많은 사람이 복음을 들을 기회도 없다는 사실을 그냥 넘어갈 수가 없었다. 윌리엄은 새 신자였다. 그런데도 무언가 하고 싶었다.

윌리엄은 아버지에게 가업을 물려받지 않겠다고 말했다. 그는 선교사가 되고 싶었다. 부모는 분노했지만 윌리엄은 부모에게 자신에게로 돌아오는 상속은 모두 선교를 위해 사용할 것이라고 말했다. 그의 어떤 그리스도인 친구들은 이렇게 말했다. "모든 걸 버리려는구나. 인생을 낭비하는 거야!"

하지만 윌리엄은 설득당하지 않았다. 예일대학교와 프린스턴신학대학원을 졸업한 후 그는 중국으로 향하는 배에 몸을 실었다.

윌리엄은 중국에 있는 무슬림을 대상으로 사역하고 싶었기 때문에 아랍어를 배우기 위해 이집트에 잠시 머물렀다. 그런데 이집트에 도착한 지 한 달이 되었을 때 척추 수막염에 걸려 죽고 말았다. 그의 나이 25세였다.

미국에서는 이 비극적인 소식이 헤드라인을 장식했다. 그 기사들은 윌리엄의 가족과 친구들이 윌리엄에게 했던 것과 같은 평가를 했다. 인생을 낭비했구나!

하지만 윌리엄은 그렇게 생각하지 않았다. 들리는 이야기에 따르면, 죽음을 앞둔 그의 침상에서 사람들이 그에게 마지막으로 하고 싶은 말을 물었다. 그는 성경을 꺼내어 마지막 빈 페이지를 펼쳤다. 그리고 거기에 썼다. "후회 없네."

세상의 관점에서 보면 윌리엄 보든은 인생을 낭비한 것이다. 그러나 영원의 관점에서는 그렇지 않다. 그는 인생을 낭비하지 않았다. 그의 인생은 고귀했다.

윌리엄 보든은 카이로의 작은 매장지에 묻혔다. 얼마나 외졌는지 제대로 알고 찾지 않으면 찾을 수도 없는 곳이다. 그의 묘비는 다른 사람들의 묘비와 한데 섞여 있다. 그리고 거기 쓰인 비문은 너무 희미해져서 거의 읽을 수도 없을 지경이다. 그러나 정말 가까이 다가가 보면 한 문장이 보일 것이다. **"그리스도를 믿는 믿음을 떠나서는 이런 인생에 대한 설명이 불가능하다."**

그리스도를 믿는 믿음을 떠나서는 이런 인생에 대한 설명이 불가능하다.

당신의 삶도 이와 같은가?

당신은 삶을 어떻게 살 것인가? '영원'이 참된 것이고 '복음'이 진짜여야 설명될 수 있는 방식으로 살 것인가?

마음을 정해야 한다. 그리스도께서 다시 사셨다면 그분의 왕국을 위해 투자한 어떤 것도 허비한 것이 아니다. 만약 그분이 다시 사셨다면 우리가 다른 곳에 투자한 모든 것이 허비한 것이다.

"인생은 한 번뿐이고 그마저도 곧 지나가리라. 그리스도를 위해 행한 일만 남으리라."

이 진리를 믿는가?

인생의 신조로 삼을 수 있겠는가?

만약 그렇다면 당신의 인생에 대해 훗날 이런 말을 들을 수 있도록 살라. **"그리스도 안에 있는 믿음을 떠나서는 이런 인생에 대한 어떤 설명도 불가능하다."**

왜냐하면 그렇게 살아야만 마지막에 이렇게 말할 수 있기 때문이다.

"그럴 가치가 있다."

에필로그

탁자 위에 "예"를 올려놓으라

내가 내 딸과 결혼하기를 원하는 누군가에게 다음과 같은 편지를 받았다고 해보자.

이제 여쭙고 싶습니다. 내년 봄에 당신이 따님과 작별하는 것을 허락하실 수 있으신지요? 이제 세상에서는 따님을 못 보실 수도 있습니다. 따님이 하나님을 모르는 땅으로 가서 선교사로 어려움과 고통을 당할 것을 허락하실 수 있으신지요? 따님이 대양의 위험과 인도 남부의 치명적인 기후, 온갖 궁핍과 어려움, 그리고 멸시와 모욕, 핍박, 비참한 죽음을 겪을 수도 있는 것을 허락하실 수 있겠습니까?

이 모든 것을 허락해주실 수 있겠습니까? 하늘의 본향을 떠나 그녀와 당신을 위해 죽으신 분, 죽을 수밖에 없는 유한한 영혼들과 시온과 하나님의 영광을 위해 죽으신 그분을 위해서 말입니다. 그녀를 통해 영원한 진노와 절망에서 구원받은 잃어버린 자들은 그녀의 구세주께 찬양을 올릴 것입니다. 당신은 빛나는 의의 면류관을 쓰게 될 그녀를 영광의 나라에서 만나게 되리라는 소망으로 그렇게 하실 수 있겠습니까?

이 편지는 미국의 첫 해외 선교사 중 한 명인 애도니럼 저드슨(Adoniram Judson)이 곧 자신의 장인어른이 될 존 해슬틴(John Hasseltine)에게 딸 앤과의 결혼 허락을 구하며 쓴 편지다. 놀랍게도, 존은 허락했다.

애도니럼 저드슨의 전기는 내가 열여섯 살 때 그리스도인이 된 후 읽은 첫 책이었다. 그가 보여 준 복음을 위한 완전한 헌신은 나를 깊이 뒤흔들었다.

같은 해 말, 나는 뉴욕의 스크룬 호수에 있는 '생명의말씀'섬(the Word of Life Island)에서 수백 명의 고등학생 사이에 앉아 있었다. 설교자 폴 부바(Paul Bubar)는 우리에게 앞으로 나와서 우리 인생을 상징하는 나무 막대기를 집어 들고 불속에 던지라고 도전하고 있었다. 우리가 던진 막대기가 불타 연기 속으로 사라질 동안 우리는 기꺼이 하나님께서 원하시는 대로 우리 인생을 살려고 하는지 생각해야 했다.

무리 중에 앉아 있을 때 내 심장은 쿵쾅거렸다. 나는 내 인생을 가치 있는 일을 위해 쓰고 싶었다. 내 인생을 낭비하고 싶지 않았다. 후회 없는 삶을 살고 싶었다.

나는 걸음을 내디뎠다. 처음에는 머뭇거렸지만 걸을수록 자신감을 얻었다. 나무 막대기를 집어서 불에 던졌다.

불 곁에 잠시 서서 그것이 타들어 가는 것을 보았고 다시 자리로 돌아와 앉았다. 그 후로 나는 한 번도 뒤를 돌아보지 않았고, 한 번도 후회한 적이 없다.

"인생은 한 번뿐이고 그마저도 곧 지나가리라. 그리스도를 위해 행한 일만 남으리라."

애도니럼 저드슨과 앤 해슬틴은 1812년 2월 5일에 결혼했고 같은 해에 인도로(결국 미얀마로) 떠났다. 앤은 결코 돌아오지 못했다. 1826년에 영원한 곳으로 떠났다. 길고 끔찍한 질병과 죽음과 스트레스와 고독의 나날이 21개월 동안 그녀와 함께했다. 애도니럼과 앤의 셋째 아이는 앤이 죽은 지 6개월 뒤에 죽었다. 말하자면 애도니럼이 장인에게 썼던 편지가 현실로 이루어진 것이다.

그는 삶을 낭비했는가?

애도니럼 저드슨이 1813년 미얀마에 도착했을 때 그곳에 그리스도인이라고는 아무도 없었다. 그러나 오늘날 미얀마에는 2백만 명이 넘는 침례교도(그리스도인 전체가 아니라)가 있으며 이는 전 세계 국가 중 세 번째로 많다.[69]

"내가 진실로 진실로 너희에게 이르노니 한 알의 밀이 땅에 떨어져 죽지 아니하면 한 알 그대로 있고 죽으면 많은 열매를 맺느니라" (요 12:24).

영원 어딘가에서 그와 앤이 내려다보며 "아깝지 않았소."라고 말할 것만 같다.

나는 그들과 함께하고 싶다.

그리고 당신도 함께하길 바란다.

이는 탁자 위에 "예"를 올려 두는 것에서 시작된다. 하나님께서 지도 위에 원하시는 대로 그 카드를 올려 두시게 하는 것이다.

준비되었는가?

이제
어떻게 할까?
— Go2 챌린지

이제 어떻게 하겠는가? 이 책을 읽고 당신의 인생을 더 가치 있게 살고자 하는데 어디서부터 시작해야 할지 모르겠다면 어떻게 하겠는가?

서밋교회에서 대학을 졸업하는 모든 학생에게 나는 동일한 질문을 던진다.

"이제 넌 어디선가 직장을 찾게 될 거야. 하나님께서 전략적으로 일하실 수 있는 곳에서 직장을 찾지 않겠니?"

우리는 하나님의 목적이 그들이 직장을 어디서 어떻게 구할지를 결정하는 가장 중요한 요인으로 작용하도록 대학 졸업생들을 도전한다. 그래서 그들이 졸업 후 첫 두 해 동안은 교회 개척팀을 도와서 북미나 세계 다른 곳에서 사역하는 데 헌신하도록 한다. 이를 'Go2 챌린지' 사역이라 부른다.

우리에게 2년을 달라. 세계를 변화시키겠다. 우리는 이걸 농담으로 '모르몬교 전략'이라고 부른다.

농담이다. 하지만 모르몬교도들이 공로를 얻기 위해 복음을 이렇게까지 전하는데 참 진리를 위해 우리는 그렇게 할 수 없는 걸까?

만약 당신이 이 책을 읽고 다음 단계를 고민하게 되었다면 이 도전을 고려해보라고 하고 싶다. Go2 챌린지에 참여해보라.

하나님께서 다음에 무엇을 준비하실지 고민하는 대학생이든 직장을 옮겨야 하는 상황이든 은퇴가 가까이 왔든 상관없이, 당신이 2년을 투자해 직접 하나님의 선교를 하지 않을 이유는 무엇인가?

2년을 던지라. 세상이 바뀔 것이다.

당신이 할 수 있는 고민과 질문에 답해보겠다.

"전 대학생이 아닌걸요"

비록 내가 도전하는 사람들이 대체로 대학생이긴 하지만 이 도전이 그들만을 위한 것은 아니다. 우리 교회에서 두 번째로 '보낼 만한' 부류의 사람들은 은퇴한 성도다. 「포브스」(Forbes)지는 미국인의 은퇴 기간이 대부분 20년이 될 것이라고 말했다. 30년까지 지속될 가능성도 있다. 인생의 경험과 영적 성숙함을 가장 많이 지닌 인구가 그 지혜를 젊은 교회 개척팀에 투자한다면 어떻게 될까?

그러므로 당신이 만약 은퇴해야 한다면 동일한 도전을 던지고 싶다. 은퇴 기간 중 적어도 2년을 드려 하나님의 선교를 위해 살아 보라.

2년을 던지라! 세상이 바뀔 것이다.

"2년간 나가 있는 것이
내 경력을 엉망으로 만들지 않을까요?"

대학생들은 나에게 자주 이렇게 묻는다. "2년 동안 경력이 단절되면 뒤처지지 않을까요?"

미리 말하자면, 누가 일을 **쉬어야** 한다고 말했는가? 교회 개척의 일원이 될 수 있는 장소에서 당신의 일을 **지속하라**는 것이 이 방법의 핵심이다.

물론 내가 그랬던 것처럼 직장을 쉬게 되더라도 뒤처지지 않을 가능성이 크다. 오히려 더 도와줄 것이다.

「포천」(Fortune)지가 선정한 500대 회사의 CEO 약력을 살펴보면, 많은 CEO가 대학 졸업 후 군대나 평화 기관 등에서 일했던 것을 알 수 있을 것이다. 해외에 나가 선교를 위해 사는 것, 특히 많은 도전이 있는 환경에서 사는 것은 그 어떤 인턴십이나 수습생이 할 수 없는 방식으로 성품을 형성할 것이다. 이런 환경은 일생에 유익을 가져온다.

미국 대형 대학의 교과와 젊은 리더십 개발 프로그램을 관할하는 친구 한 명이 최근 이렇게 말해주었다. "모르몬교도들이 말도 안 되는 비율로 비즈니스 리더십 사다리의 상부를 차지하고 있는 이유가 있어. 바로 모르몬교도 모두가 가야 하는 2년간의 선교 때 그들의 인격이 다듬어지기 때문이야."

이런 팀에 몇 년간 몸담은 후 하나님은 당신의 인생을 거기 완전히 뿌리박게 하실 수도 있다. 우리 교회에서 파송한 많은 이에게 실제 일어난 일이다. 또 다른 이들은 그들의 첫 직장이자 최고의 경력을 하나님께 드렸으며, 하나님께서 확실하게 축복하셨다는 사실을 알고 돌아온다. 누가 뭐라든 예수님은 이렇게 말씀하셨다. "그런즉 너희는 먼저 그의 나라와 그의 의를 구하라 그리하면 이 모든 것을 너희에게 더하시리라"(마 6:33). 이 말씀은 당신의 경력에도 동일하게 적용된다.

사실 이 2년의 도전을 경력의 십일조처럼 생각해볼 수도 있다. 하나님께 첫 열매를 드리는 것이다. 인생의 다른 영역에서도 최고의 것, 첫 번째 것을 하나님께 드림으로써 하나님께서 그 믿음의 헌신을 통해 당신을 어떻게 축복하시는지 보라.

만약 지금 대학생이라면 그 시간은 당신의 인생에 아주 독특한 기회를 제공해줄 것이다. 당신은 현재 인생에서 다시 오지 않을 자유로운 몸이다. '경력의 첫 선택으로 지상 사명에 투자했더라면 어땠을까?'라고 궁금해하다가 인생이 끝나지 않도록 하라! 2년이 지나고 하나님께서 당신을 다시 고향으로 보내실 때, 적어도 당신은 그곳으로 보냄받았음을 알게 되었을 것이며, 하나님께서 세계에서 일하신다는 사실에 대해 완전히 변화된 이해를 갖게 되었을 것이다.

"내 직장을 버려야 하나요?"

어쩌면 그럴지도 모른다. 많은 경우 그 지역에서 자신의 분야와 관련된 일을 찾을 수 있을 것이다. 만약 그렇다면 후원을 받지 않아도 갈 수 있다. 경제적인 면을 보자면, 선교하면서도 수입을 얻는 셈이다!

그러나 3장에서 살펴보았던 대로 하나님께서 당신의 직업을 뒤로하고 사역에 완전히 헌신하도록 인도하실 수도 있다.

하나님은 어떤 이들은 직업을 **활용하게** 하시고 또 어떤 이들은 직업을 **떠나도록** 부르신다. 우리 교회에서는 "활용인가, 떠남인가?"라고 묻곤 한다. 하나님은 당신이 모라비안처럼 지상 사명을 위해 직업을 극도로 활용하기를 원하시는가, 아니면 윌리엄 캐리, 애도니럼 저드슨, 또는 로티 문처럼 뒤에 두고 떠나기를 원하시는가? 하나님은 당신의 제자들을 이렇게도 저렇게도 인도하신다.

"어떻게 기회를 찾을 수 있을까요?"

아주 좋은 질문이다. 우리 교회가 속한 교단(남침례회)의 북미선교회(North American Mission Board)는 50개의 '보낼 도시'를 세우고 있다. 모두 교회가 부족한 곳이다. 그리고 이 선교회가 당신을 도와 새 교회를 개척할 수 있도록 파트너를 맺는 도움을 줄 수 있다.

추가로 우리 국제선교회(International Mission Board)에는 복음이 거의 전해진 적이 없는 다른 나라를 섬기는 팀으로 2년 동안 파송할 수 있는 프로그램이 다수 있다.

당신이 속한 교단이나 지역 교회에도 아마 이런 연결 고리들이 있을 것이다. CCC, 프론티어스(Frontiers), 캠퍼스 아웃리치(Campus Outreach), 래디컬(Radical) 등과 같은 그룹은 초교파적 기회를 제공해 줄 수도 있다.

만약 이것들이 너무 힘들어 보인다면 그냥 롤리로 이사 와서 서밋교회에 출석하라. 우리가 여기서부터 맡아서 파송해주겠다! 농담으로 들릴 수 있겠지만, 내 말은 만약 그렇게 한다면 그냥 돌려보내진 않겠다는 얘기다. 오라, 거기서부터 생각해보자.

이런 선택지들과 더 많은 선택지를 go2years.net에서 찾아볼 수 있다.

"저는 미국에서 목회나 교회 사역을 하도록
부르심을 받은 것 같은데요"

좋다. 그런데 왜 영어로 예배하는 해외의 교회를 섬길 생각은 해보지 않는가? 인력이 부족하고 개발이 필요한 사역 영역 중 하나는 바로 전 세계의 큰 도시에 있는 외국인 교회들이다. 여성들을 포함한 기독 실업인들은 베를린, 모스크바, 두바이, 카이로, 쿠알라룸푸르, 싱가포르, 런던으로 옮겨 갔는데, 그들에게도 복음 중심적이고 선교 중심적인 교회가 필요하다. 그런 교회에서 그들은 지역 선교를 위해 훈련받고 지원받아야 한다.

그런 교회에는 대체로 미국이나 다른 서방 국가를 떠난 사람뿐만 아니라 확실히 동기부여가 되어 있고 아주 성공한 영어권 이주민도 있다. 이들은 서구 문화와 토착 문화를 연결할 수 있기에 그 나라 복음 전파에 핵심이 될 수 있다. 그리고 그 나라의 다른 지역에 복음을 전파할 이들을 도울 수도 있다.

그러므로, 만약 하나님께서 당신에게 교회를 이끌라고 하셨다면 어째서 복음이 많이 전파되지 않은 나라의 교회를 섬길 생각은 하지 않는가?

2년을 내어놓아라! 세상이 바뀔 것이다.

우리의 대화가 go2years.net에서 계속 이어지기를 바란다.

미주

1장 삶을 허비하지 말라

1) John Piper, "Boasting Only in the Cross," 2000년 5월 20일 테네시주 멤피스에서 열린 '패션스 원데이 2000'(Passion's OneDay 2000) 수련회에서 전한 설교, http://www.desiring-god.org/messages/boasting-only-in-the-cross.

2) Matt Carter, August 23, 2016, https://twitter.com/_Matt_Carter/status/768290293724491776.

3) Trevin Wax, "John Piper Is Not Anti-Seashell," May 20, 2013, https://www.thegospelcoalition.org/blogs/trevin-wax/john-piper-is-not-anti-seashell/.

4) Sarah Eekhoff Zylstra, "How John Piper's Seashells Swept Over a Generation," https://www.thegospelcoalition.org/article/how-john-pipers-seashells-swept-over-a-generation/.

5) Ibid.

6) "Transcript: Tom Tom Brady, Part 3," *60 Minutes*, https://www.cbsnews.com/news/transcript-tom-brady-part-3/; "Tom Brady on Winning: There's Got to Be More Than This," https://www.youtube.com/watch?v=-TA4_fVkv3c.

7) "Full Speech Jim Carrey's Commencement Address at the 2014 MUM

Graduation (EN, FR, ES, RU, GR, …)," 2014년 5월 28일 아이오와 주 페어필드의 Maharishi University of Management 졸업식 축사 중, https://www.youtube.com/watch?v=V80-gPkpH6M.

8) "Millennials: Big Career Goals, Limited Job Prospects," Barna Group, June 10, 2014, https://www.barna.com/research/millennialsbig-career-goals-limited-job-prospects/.

9) Trevin Wax, "Piper: Care About Suffering Now, Especially Eternal Suffering Later," February 3, 2011, https://www.thegospelcoalition.org/blogs/trevin-wax/piper-care-about-all-suffering-now-especiallyeternal-suffering-later/.

10) "Ego pro te haec passus sum. Tu vero quid fecisti pro me?"

11) 윌리엄 댄커(William Danker)는 다음과 같이 썼다. "이 모라비안 회사들은 다른 개신교도들이 곁에서 아무것도 못 하는 동안, 선교라는 하늘에 모라비안 개척 위성을 쏘아 올린 로켓이었다." *Profit for the Lord: Economic Activities in Moravian Missions and the Basel Mission Trading Company* (Eugene, OR: Wipf and Stock, 1971), 72-73.

12) "Report of the First International Convention of the Student Volunteer Movement for Foreign Missions" (Boston, MA: T.O. Metcalf, 1891), 12.

13) 르브론 제임스는 현재 미국 프로 농구 리그에서 '왕'이라고 불리는 스타플

레이어다.—역자 주
14) Norman Grubb, *C. T. Studd, Athlete and Pioneer* (Grand Rapids, MI: Zondervan, 1946), 129.
15) Piper, "Boasting Only in the Cross," https://www.desiringgod.org/messages/boasting-only-in-the-cross.
16) Justin Taylor, "He Was No Fool," January 19, 2020, https://www.thegospelcoalition.org/blogs/justin-taylor/he-ws-no-fool/.
17) C. T. Studd, "Only One Life to Live," (n.d.).

2장 버킷리스트를 던져 버리라

18) 리탈린(Ritalin)은 ADHD나 수면 장애에 처방되는 약이다.—역자 주
19) "버킷(양동이)을 차다."(kick the bucket)는 죽음을 의미하는 구어 표현이다.—역자 주
20) N. T. Wright, *Simply Christian: Why Christianity Makes Sense* (New York, NY: HarperOne, 2010), 18. (『톰 라이트와 함께하는 기독교 여행』, IVP 역간)
21) 마르디 그라(Mardi Gras)는 '뚱뚱한 화요일'이라는 프랑스어로 사순절 첫날인 '재의 수요일' 바로 전날을 가리킨다. 세계 각국에서, 특히 브라질, 베니스, 미국 뉴올리언스 등지에서 성대한 카니발을 진행한다.—역자 주
22) 주로 수영복 차림의 젊은 남녀가 나와 큰 인기를 끈 미국 드라마. 즉, 그것처럼 인기 있는 드라마는 있겠지만, 방탕하지 않은 방식이리라는 것을 익살스럽게 표현한 것이다.—역자 주
23) C. S. Lewis, *The Last Battle*, Chronicles of Narnia (1956; repr., New York, NY: HarperCollins, 2005), 208, 213, 230. (『마지막 전투』, 나니아 나라 이야기, 시공주니어 역간)
24) Ibid.
25) *Keith Green's Greatest Hits*에 수록된 "Asleep in the Light" 라이브 공연 중에 한 말.
26) 에이브러햄 링컨은 미국의 제16대 대통령이며 빌리 그레이엄은 미국의

복음주의를 이끈 주요 회중 설교자로서 20세기에 가장 영향력 있는 기독교 지도자였다. 랙래(Lecrae)는 그래미상을 수상한 기독교 힙합 아티스트다. - 역자 주

27) James Limburg, *Psalms*, Westerminster Bible Companion (Louisville, KY: Westminster John Knox, 2000), 310에서 발췌.

28) Trevor Haynes, "Dopamine, Smartphones and You: A Battle for Your Time," May 1, 2018, http://sitn.hms.harvard.edu/flash/2018/dopamine-smartphones-battle-time/.

29) "How Many People Die Every Single Minute," January 31, 2018, http://www.quora.com/How-many-people-die-every-single-minute.

30) Elisabeth Elliot, *Shadow of the Almighty: The Life and Testament of Jim Elliot* (Peabody, MA: Hendrickson, 1958), 182-83. (『전능자의 그늘』, 복있는사람 역간)

3장 '부르심'을 둘러싼 신화

31) 치리오스는 미국에서 일반적인 시리얼의 일종으로, 동그란 튜브 모양을 하고 있다. - 역자 주

32) 창 19:26.

33) 해피밀은 패스트푸드 프랜차이즈인 맥도날드의 어린이 메뉴다. 어린아이가 가져온 도시락 수준이었다는 것을 재미있게 표현한 것이다. - 역자 주

34) Irenaeus, *Against Heresies*, 3:12:8 (AD 180).

35) Stephen Neill, *History of Christian Missions* (1964; repr., New York, NY: Penguin Books, 1990), 22.

36) Mike Barnett, *Discovering the Mission of God Supplement* (Downers Grove, IL: InterVarsity Press, 2012).

37) Rodney Stark, *The Rise of Christianity* (Princeton, NJ: Princeton University Press, 1996), 161. (『기독교의 발흥』, 좋은씨앗 역간)

38) Origen, *Against Celsus*, 3.10.

39) Stark, *The Rise of Christianity*, 5-8.

40) 마티 맥플라이는 80년대 큰 인기를 끌었던 영화 "백 투 더 퓨처"(Back to the Future)의 주인공 이름이다. – 역자 주
41) Francis Chan, *Letters to the Church* (Colorado Springs, CO: David C. Cook, 2018), 120.

4장 더 큰 일을 하는 사람

42) 'WWJTBD?'는 저자가 익살스럽게 패러디한 것으로, 90년대 그리스도인들 사이에서 유행한 'WWJD?'(예수님이라면 어떻게 하실까) 팔찌를 연상케 한 것이다. 'Preachers N Sneakers'는 단기간에 유명해진 인스타그램 계정으로, 고가의 신발을 신고 나오는 설교자들 사진을 신발 가격과 함께 올려놓았다. 이 계정을 만든 벤 커비(Ben Kirby)는 현재 동명의 책도 저술했으며, 팟캐스트와 유튜브 채널을 운영하여 목회자와 부의 관계를 고민하고 있다. – 역자 주
43) 세례 요한의 사역은 신약성경에 기록되어 있지만, 그의 설교는 옛 언약의 후원 아래 이루어졌다. 구약의 모든 선지자처럼 그의 설교는 다가오는 예수님의 구원을 가리켰다.
44) 그뿐만 아니라 우리가 하는 '일'은 예수님의 어떤 치유 기적들보다 더 큰 기적을 일으킨다는 의미에서 더 '큰 일'이다. 걷지 못하는 자를 일으켜 걷게 하고 심지어 죽은 자를 일으키는 것은 인간의 깨어짐에 대한 일시적인 해결책이지만, 구원은 그들을 영원으로 이끈다. 따라서 누군가에게 예수님의 이적이 가리켰던 구원을 소개하는 것은 예수님의 치유 사역보다 더 '큰 일'이며 더 오래 지속되는 일이다. 이에 관해서는 내 책 『지저스 컨티뉴드』(*Jesus, Continued*..., 두란노 역간)를 보라. *Jesus, Continued...: Why the Spirit Inside You Is Better Than Jesus Beside You* (Grand Rapids, MI: Zondervan, 2014).
45) 성령의 음성을 어떻게 들어야 하며 어떻게 따라야 하느냐는 질문은 여기서 내가 다룰 수 있는 것 이상으로 중요하고 복잡하다. 나는 내 책『지저스 컨티뉴드』에서 이 질문을 다루었다. Kevin DeYoung의 *Just Do Something*(『왜 우리는 하나님의 인도를 바르게 받아야 하는가』, 부흥과개혁

사 역간), Henry Blackaby의 *Experiencing God*(『하나님을 경험하는 삶』, 요단출판사 역간)도 추천한다. 이 주제에 대한 더 풍성한 논의를 위해서는 Wayne Grudem이 쓴 *Systematic Theology*에서 성령의 인도하심에 관한 장, 그리고 Danny Akin이 편집한 *A Theology for the Church*에서 Malcolm Yarnel이 쓴 장을 추천한다.

46) John Newton, "Letter IV: Communion with God," in *The Letters of John Newton* (Edinburgh: Banner of Truth Trust, 1960), 29.

47) Gary Tyra, *The Holy Spirit in Mission: Prophetic Speech and Action in Christian Witness* (Downers Grove, IL: IVP Academic, 2011).

5장 추수의 법칙

48) 이 이야기는 내 책, *Gaining by Losing* (Grand Rapids, MI: Zondervan, 2015)에서 먼저 나눈 바 있다.

49) 이스마엘도 물론 아브라함의 아들이었지만 약속의 아들은 아니었다(히 11:17).

50) Keith Green, "Last Days Ministries: Keith Green," n.d., https://www.lastdaysministries.org/Groups/1000008644/Last_Days_Ministries/Keith_Green/Keith_Green.aspx.

51) 마 25:15.

6장 당신에게 없는 한 가지

52) C. S. Lewis, *Mere Christianity* (1952; repr., San Francisco, CA: HarperSanFrancisco, 2001), 56. (『순전한 기독교』, 홍성사 역간)

53) Flannery O'Connor, *Wise Blood* (New York, NY: Farrar, Straus and Giroux, 1962), 16. (『현명한 피』, IVP 역간)

54) John Piper, *What Jesus Demands from the World* (Wheaton, IL: Crossway, 2006), 154. (『하나님의 지상명령』, 생명의말씀사 역간)

7장 단 한 명의 관중

55) 미아 햄(Mia Hamm)은 여자 축구 역사상 가장 많은 골을 기록한 선수이고, 세리나 윌리엄스(Serena Williams)는 세계 랭킹 1위를 기록한, '테니스 여제'로 불린 선수다.―역자 주
56) 미식축구에서, 곰이 껴안듯이 두 팔을 벌려 상대를 완전히 안아 제압하는 태클을 말한다.―역자 주
57) John Piper, *What Jesus Demands from the World* (Wheaton, IL: Crossway, 2006), 287.
58) *The Collected Letters of C. S. Lewis*, vol. 3, Narnia, Cambridge, and Joy, 1950-1963, ed. Walter Hooper (San Francisco, CA: HarperSanFrancisco, 2007), 111.
59) Corrie Ten Boom, *The Hiding Place* (1971; repr., Peabody, MA: Hendrickson Publishers, 2009), x.
60) C. S. Lewis, *The Weight of Glory* (1949; repr., New York, NY: HarperOne, 2001), 30-31. (『영광의 무게』, 홍성사 역간)
61) 미국 디즈니 채널에서 방영된 뮤지컬 시트콤 "해나 몬태나"(Hannah Montana)의 주인공.―역자 주
62) 폴리카르포스의 말을 직역하면 이렇다. "당신들은 불로 나를 위협하며 한 시간을 타게 하겠지만 얼마 지나지 않아 꺼질 것이오. 그러나 장차 올 심판과 영원한 형벌의 불을 알지 못하는구려. 이는 경건치 못한 이들을 위해 준비된 것이오. 그러니 왜 미루는 거요? 뜻대로 하시오." "The Martyrdom of Polycarp," in *Ante-Nicene Fathers*, eds. A. Cleveland Coxe, James Donaldson, and Alexander Roberts (Buffalo, NY: Christian Literature, 1885), accessed via http://www.newadvent.org/fathers/0102.htm.

8장 꼭 복음을 들어야 천국에 가는가?

63) 이 장의 틀은 데이비드 플랫(David Platt)에게 빚지고 있다. 로마서에 드러난 바울의 주장을 더 면밀히 살펴보면서 이 전제들로 구체적으로 구

조화하는 데는 플랫의 책 『래디컬』(Radical, 두란노 역간)에서 영감을 받았다. Radical: Taking Back Your Faith from the American Dream (Colorado Springs, CO: Multnomah Books, 2010), 145-64. 플랫은 자신은 R. C. 스프로울(R. C. Sproul)을 따르고 있다고 말한다. 물론 스프로울은 바울을 따라 이렇게 한 것이다.

64) Mary Lowe Dickinson and Myrta Lockett Avary, *Heaven, Home and Happiness* (New York, NY: The Christian Herald, 1901), 216.

65) Tim Keller, "The Disobedience of Saul," 2004년 1월 4일 리디머장로교회에서 한 설교에서 인용. http://www.gospelinlife.com/downloads/the-disobedience-of-saul/.

66) Danny Akin and Walter Strickland in *The SBC and the 21st Century: Reflection, Renewal & Recommitment*, ed. Jason K. Allen (Nashville, TN: B&H Academic, 2019), 203에서 재인용.

67) 어떤 신학자들은 이런 사람에 대해 '무명의 그리스도인'이라고 이름 붙였다. 다음을 보라. eds. Karl Rahner, Paul Imhof, and Hubert Biallowons, trans. Harvey D. Egan, *Karl Rahner in Dialogue: Conversations and Interviews, 1965-1982* (New York, NY: Crossroad, 1986), 207.

68) 이 표현은 예수회 신학자인 카를 라너(Karl Rahner)가 사용한 것이다. 그는 제2차 바티칸 공의회 당시, 한 번도 예수님에 대해 들어 본 적 없는 많은 사람이 여전히 그들이 피조 세계를 통해 얻은 '숨겨진 믿음'을 통해 구원을 얻을 수 있다는 사상을 보편화했다.

에필로그: 탁자 위에 "예"를 올려놓으라

69) Tobin Perry, "Adoniram Judson's Spiritual Descendants in Massachusetts," December 9, 2019. http://www.bpnews.net/54026/adoniram-judsons-spiritual-descendants-in-massachusetts.

사명선언문

너희가 흠이 없고 순전하여……세상에서 그들 가운데 빛들로
나타내며 생명의 말씀을 밝혀 _ 빌 2:15-16

1. 생명을 담겠습니다
만드는 책에 주님 주신 생명을 담겠습니다.
그 책으로 복음을 선포하겠습니다.

2. 말씀을 밝히겠습니다
생명의 근본은 말씀입니다.
말씀을 밝혀 성도와 교회의 성장을 돕겠습니다.

3. 빛이 되겠습니다
시대와 영혼의 어두움을 밝혀 주님 앞으로 이끄는
빛이 되는 책을 만들겠습니다.

4. 순전히 행하겠습니다
책을 만들고 전하는 일과 경영하는 일에 부끄러움이 없는
정직함으로 행하겠습니다.

5. 끝까지 전파하겠습니다
모든 사람에게, 땅 끝까지, 주님 오시는 그날까지
복음을 전하는 사명을 다하겠습니다.

서점 안내

광화문점 서울시 종로구 새문안로 69 구세군회관 1층
02)737-2288 / 02)737-4623(F)

강남점 서울시 서초구 신반포로 177 반포쇼핑타운 3동 2층
02)595-1211 / 02)595-3549(F)

구로점 서울시 동작구 시흥대로 602, 3층 302호
02)858-8744 / 02)838-0653(F)

노원점 서울시 노원구 동일로 1366 삼봉빌딩 지하 1층
02)938-7979 / 02)3391-6169(F)

일산점 경기도 고양시 일산서구 중앙로 1391 레이크타운 지하 1층
031)916-8787 / 031)916-8788(F)

의정부점 경기도 의정부시 청사로47번길 12 성산타워 3층
031)845-0600 / 031)852-6930(F)

인터넷서점 www.lifebook.co.kr